美国国家图书馆
珍藏名传

中世纪史 07

理查三世
Richard III

[美]雅各布·阿伯特 著
贺晨 译

中国出版集团有限公司
华文出版社

图书在版编目（CIP）数据

理查三世 /（美）雅各布·阿伯特（Jacob Abbott）著；贺晨译. -- 北京：华文出版社，2025.3.（美国国家图书馆珍藏名传）. -- ISBN 978-7-5075-5744-2

Ⅰ. K835.617=324

中国国家版本馆CIP数据核字第2025WY0384号

理查三世

作　　者：[美]雅各布·阿伯特
译　　者：贺　晨
责任编辑：方昊飞　王　彤
出版发行：华文出版社
地　　址：北京市西城区广外大街305号8区2号楼
邮政编码：100055
网　　址：http://www.hwcbs.cn
电　　话：编辑部 010-58336265　010-63428314
　　　　　总编室 010-58336239　发行部 010-58336202
印　　刷：三河市航远印刷有限公司
开　　本：787mm×1092mm　1/32
印　　张：9.25
字　　数：120千字
版　　次：2025年3月第1版
印　　次：2025年3月第1次印刷
标准书号：ISBN 978-7-5075-5744-2
定　　价：36.00元

版权所有　侵权必究

理查三世

● 理查是约克家族王子,曾参与玫瑰战争,之后拥立他的兄长,即爱德华四世为王。

● 爱德华四世过世后,其子即位,即爱德华五世,叔父理查为摄政。

● 之后,理查将侄子爱德华五世禁锢于伦敦塔,篡位为王,即理查三世。

● 理查三世和里士满伯爵亨利·都铎在交战中失败后,被杀。从此,英格兰开启都铎王朝。

中文名:理查三世
外文名:Richard Ⅲ
生卒年:1452年—1485年
所在国:英格兰王国
职　业:国王
在位时间:1483年—1485年

在理查三世生活的时代，世界上发生了哪些大事？

世界历史

1445年，古登堡发明了最早的印刷机。

1445年，意大利画家波提切利（1445年—1510年）出生。

1452年，达·芬奇（1452年—1519年）出生，"文艺复兴三杰"之一。

1475年，米开朗基罗（1475年—1564年）出生，"文艺复兴三杰"之一。

1483年，拉斐尔（1483年—1520年）出生，"文艺复兴三杰"之一。

1453年，东罗马帝国灭亡。

1453年，宗教改革家马丁·路德（1483年—1546年）出生。

1455年—1485年，英国玫瑰战争。

1461年—1485年，英国约克王朝。

1474年，神圣罗马帝国更名为"德意志民族的神圣罗马帝国"。

1485年—1603年，英国都铎王朝。

1488年，葡萄牙航海家迪亚士绕过好望角。

中国历史

1368年—1644年，处于中国的明朝时期。

1405年—1433年，郑和率船队七次下西洋。

1420年，故宫、天坛落成，明成祖朱棣迁都北京。

1449年，土木堡之变，指发生于明朝正统十四年明英宗第四次北伐时，明朝军队在土木堡（今河北省怀来县东10公里）败于瓦剌军的事变。明英宗被俘，于谦保卫北京。

1450年，明英宗于土木堡之变中被俘，由明代宗朱祁钰继位。

1457年，夺门之变，明英宗复位。

1464年，明英宗发布遗诏：停止用宫人殉葬。

1488年—1505年，弘治中兴，指明朝在明孝宗朱祐樘治理下出现了短暂而辉煌的时期。

译者序

"美国国家图书馆珍藏名传"系列是一套畅销于美国,深受美国几代人喜爱,描写世界著名帝王将相人生故事的丛书。自在美国出版以来,这套书以适读、耐读而享有盛名,也是美国国家图书馆全套珍藏的传记读物。《理查三世》是丛书中的一本,以玫瑰战争为宏大的历史背景,以约克家族与兰开斯特家族争夺王位的激烈斗争为主线,全方位、多层次、宽角度地展现了玫瑰战争后期血腥的历史。理查三世时代是尚武的时代,是追名逐利的时代,是王族内乱、骨肉相残的时代。时代的特征塑造了理查三世的性情,他孔武、善战,他狡诈、机变,他为夺取王位不择手段、大开杀戒。最终，他登上了王位，但名不正则人不服，这自然为自己掘好了坟墓。在与亨利·都铎的决战中，理查三世身死而为天下笑，一代英雄，岂不哀哉！这时，历史奇特的一幕出现了：爱德华三世的两支后裔，约克家族和兰开斯特家族的子孙们，经过数十年的自相残杀，竟然没有一支留有合法继承人。金雀花王朝四百年的基业就此覆亡……

在翻译的过程中，我怀着对经典的崇拜之情，悉心查阅了大量资料，谨小慎微，唯愿将这部作品尽善尽美地呈现在读者面前。然而，疏漏与有待商榷之处在所难免，望读者朋友们批评指正，不胜感激！

贺晨

于西北师范大学

目 录

001　第1章　理查的母亲

017　第2章　理查的父亲（1415年—1461年）

037　第3章　理查三世的童年

045　第4章　爱德华四世即位（1461年）

065　第5章　造王者沃里克（1461年—1468年）

091　第6章　约克家族的衰落（1469年—1470年）

109	第7章 兰开斯特家族的衰落	（1470年—1471年）
133	第8章 理查的婚姻	（1471年—1474年）
149	第9章 爱德华统治的终结	（1475年—1483年）
173	第10章 理查与爱德华五世	（1483年）
185	第11章 寻求庇护	（1483年）
199	第12章 护国公理查	（1483年）
219	第13章 称 王	（1483年）
237	第14章 加 冕	（1483年）

247　第15章　**王子的命运**

257　第16章　**家庭纠纷**（1483年—1484年）

273　第17章　**博斯沃思原野**（1485年—1492年）

第 1 章　*CHAPTER I*

理查的母亲

Richard's Mother

理查三世的母亲是一位美丽的女性，虽然生活在一个动荡不安的时代，却是一位品德高尚的人。她出生时正值两个显赫的家族将一场声势浩大的斗争推向白热化之际。这场激烈的斗争旷日持久，敌对双方是理查三世的两支先祖——约克家族和兰开斯特家族，目的是争夺王位。这场可怕的争斗持续了一百多年，引发了无数的战争、骚乱。城镇被洗劫、焚烧，富庶的城市被掠夺，双方在争斗中犯下的罪行罄竹难书。一连几代，不计其数的家庭无法平静生活，妻离子散，骨肉分离。数不胜数的谋杀与暗杀充斥着那个时代。我们不禁会问：这一切都是为了什么？动乱总是起源于一些看似平常的事情：某个国王的后裔以非常复杂的方式相互通婚，致使好几代人都搞不清哪支后裔有资格获得王位。而在付出了无数血的代价后，和平解决争端的方法总能被找到：一支后裔的一个王子娶了另一支后裔的一个公主。于是，两个家族原本冲突的利益合二为一，斗争这才告终。

尽管局势缓解了，但整个国家依然处于无序状态，暴动、仇恨、争斗和战乱的火苗随时可能被点燃。内战危机笼罩下的气氛实在恐怖。

卷入这场争斗的两支王室后裔是约克家族和兰开斯特家族，家族之名均源自祖先的头衔。兰开斯特家族的始祖为兰开斯特公爵——冈特的约翰；约克家族的始祖是约克公爵——兰利的埃德蒙。冈特的约翰和兰利的埃德蒙是兄弟，并且是英格兰国王爱德华三世的儿子。爱德华三世的继承人是理查二世。讲述理查二世的历史时，我们曾对这个家族做过详细介绍。当然，作为兄弟，他们的子孙是亲人，理应和睦相处。从父系上看，两个家族是血亲，后来还互相通婚。久而久之，后代的关系愈加紧密和复杂，最终根本无法厘清。通过了解当时的历史，我们发现，当时的公爵和王子们在战场上大动干戈；策划阴谋，相互暗杀；竭尽全力把对方变为阶下囚，并把对方终身囚禁在地牢中。然而，这些无情的敌人却是近亲——如果从母系算，他们很可能是表兄弟；如果从父系算，他们很可能是叔侄。战争期间，王国中几乎所有家庭、村庄和城镇

内战中的杀戮

都受到可怕的仇恨的影响，变得分崩离析。

理查三世的母亲出嫁前叫塞西莉·内维尔，她生于斗争一方的家族，后来嫁入斗争另一方的家族。在许多情况下，斗争就是因为这样才变得复杂。塞西莉·内维尔是兰开斯特公爵的后人，但嫁给了约克公爵。她的丈夫已经是这场争斗开始后的第三代约克公爵了。

嫁给约克公爵后，塞西莉·内维尔自然成了公爵夫人。当时，她丈夫是一个很有政治地位的人，并且像其他贵族一样，时常在外作战和远征。其间，他不断变换住所，常常从英格兰的一个城堡搬到另一个城堡，有时甚至长途跋涉，远征爱尔兰、苏格兰和法兰西等地。虽然连年征战，但他的妻子一直陪伴在他身边。外界的动荡使她的生活充满艰辛，但生性安静的她非常顾家。尽管她也有引以为傲的远大追求，但无论在哪里，她都忙着操持家务、相夫教子，并且虔诚地履行宗教义务，一次都不落下。那个时候，人们对信仰虔诚至极。

下面这段文字来自一份古老的文献，描述了她在一个城堡里居住时的日常起居。

每天清晨,她7时起床,然后向神父做晨祷。晨祷结束后,她便在卧室内做小弥撒。弥撒完毕后,她会吃些东西,然后再去小教堂做礼拜,并聆听两段弥撒。从这时到午饭之前,她会阅读一些宗教典籍,比如《希尔顿的沉思及积极的生活》或其他一些指引灵魂的作品。午餐过后,她会抽一小时时间来会见那些向她祷告忏悔的人,然后睡上一刻钟。午睡过后,她会继续祷告,直到教堂的第一声晚钟响起。

晚餐时她会对身边的人背诵祈祷文。餐后她会和熟悉的女伴们聊聊天。睡前一小时,她会喝一杯酒,然后回到内室,进行一天的最后一次祷告,然后对上帝说晚安。晚上20时,她便就寝了。

20时就寝，符合那时的习惯，因为我们在一份公爵夫人日常生活的记录中发现，那时的午餐时间是11时，晚餐时间是16时。

理查三世的母亲婚后至少生了十二个孩子。他们的名字分别是安妮、亨利、爱德华、埃德蒙、伊丽莎白、玛格丽特、威廉、约翰、乔治、托马斯、理查和厄苏拉。本书的主人公理查在所有兄弟姐妹中排行第十一，也就是倒数第二。理查的许多兄弟姐妹在幼年时便死去了。男孩只幸存了四个：爱德华、埃德蒙、乔治和理查。因此，我们在书中只会讲这四个男孩。

孩子们年幼时大多和母亲在一起，但长大后，他们不得不和父母分离：公爵——他们的父亲，时常在外征战，母亲则常常陪伴在他身边。这时，男孩们会被留在某个城堡里，由专人照料并负责他们的教育。他们会时常给父亲写信。有趣的是，这些信已经成了现存最早的父子间的通信。有两个男孩曾交由一个叫理查德·克罗夫特的人照料，孩子们认为他太过严厉。在其中一封现存的信中，孩子们抱怨老师太过严格，他们说老师"规矩苛刻，要求严厉"，还要走了他们"漂亮的帽子"，而这几顶帽子，他们原本是打算留给自己和弟弟戴的。还有一封几乎写自同一时期的长信，看上去似乎是爱德华和埃德蒙这两个孩子写的，至少署名是这样。在信中，孩子们祝贺他们的父亲在战场上取得了胜利。尽管有两个孩子的签名，但从信中使用的华丽语言和夸张的语句来看，我猜测这封信是由他们的母亲或老师代笔写成的。关于这一点，读者可以仔细研读，做出你们的判断。为了便于现代人理解，我对这封信的拼写文法做了一些更改，但内容仍旧忠于原始文本。

至高无上的王子，最受我们尊敬的君主和父亲：

恕子愚钝，受您的启示，承蒙您的智慧，我们已于昨日从您的仆人威廉·克林顿那里收到了您5月29日在约克写的信①。

我们得知您在威廉和约翰·麦尔沃特的帮助下,用兵神速,将敌人打得落花流水。听闻捷报,我们欢欣鼓舞。我们感谢万能的上帝恩赐,衷心地请求他每日赐予您好运,助您知己知彼,百战百胜。

如果亲爱的父亲大人想知悉我们的生活,我们可以告诉您,在给您写信的同时,我们身体康健。感谢上帝,我们每日祈祷您赐予我们慈悲宽厚的父爱。

您在来信中嘱咐我们年少时要勤勉好学,这样成年后才能有所作为,成就大业。承蒙您的智慧,我们一到这里便孜孜不倦,刻苦学习。上帝定会感念您对国尽忠,对儿慈爱,赐福于您。

我们还请求您同意将您的厨房杂役哈里·拉维德恩派来服侍我们,他服侍我

---

① 由于当时尚无邮政体系,因此,所有信全凭私人的特别信使往来传递。——原注

们正合适。我们会把约翰·博伊斯送给您，听候您的差遣。

高贵、全能的王子，我们最崇敬的君主和父亲，我们乞求万能的上帝赐福于您，愿您福泽绵长、万事顺心。

您谦卑的儿子：E.马奇与E.拉特兰
6月3日写于勒德洛城堡

落款的E.马奇和E.拉特兰分别代表马奇伯爵爱德华和拉特兰伯爵埃德蒙。尽管当时两个孩子分别只有十一岁和十二岁，但他们已经是伯爵了。后来，埃德蒙十七岁那年随父出征时，在战场上被残忍地杀害了，下文将会详细介绍。另一个男孩，也就是爱德华，后来成了英格兰国王，在时间上，他是理查三世的前任。

两人写的这封信的信封上这样写道：

献给我们至高无上的王子，我们最

尊敬的君主和父亲、英格兰的保护者和捍卫者——约克公爵。

当时,几个男孩住在勒德洛城堡,就是在那儿写了这封信。城堡建在英格兰西部的山石之上,离什鲁斯伯里不远,是一处军事要塞。下面的插图生动地展现了男孩们住在那里时城堡的情形。我们发现,在那个动荡的年代,为了安全起见,国王和王子们都习惯将家人安置在这样的城堡里。在这之后不久,勒德洛城堡遭到了破坏,被洗劫一空。但它的遗迹一直保存至今,很多游客都饶有兴致地前去参观游览。

正如我们之前所述,塞西莉·内维尔品德高尚,是忠诚的妻子和尽责的母亲。但她同时胸怀远大的理想,对自己的身份和地位感到十分骄傲。在她所属的大家族当中,几乎所有兄弟姐妹都是贵族或贵族夫人。当她嫁给理查·金雀花王子,也就是本书主人公的父亲时,她的心中十分欢喜,因为她认为,自己今后将成为王后。她相信理查·金雀花

勒德洛城堡

完全有资格成为国王，其中的原因我们将在下一章详细讲述。即使她丈夫的继承权在当时的国王在位时并不被承认，但总有一天会被承认的，那时她就是名副其实的王后了。她认为，根据正统，自己早已经是王后了。因此，她日日精神抖擞，时时容光焕发，举手投足之间尽显端庄、大气的贵族风姿。

事实上，纵观历史，说到傲慢自大，任何时候、任何地方的贵族，都比不过英格兰的金雀花家族统治时期的贵族。那时，金雀花王朝繁荣昌盛，作为与众不同的特权阶层，贵族目空一切，看不起所有在他们之下的社会阶层，他们与现在的贵族有着巨大的差异。他们唯一的工作就是打仗，对从事其他工作的人，比如艺术家、手工业者都嗤之以鼻。从事这些工作的人大多生活在乡村、镇子，挤在昏暗、狭窄的小巷子里，他们的住所破破烂烂，一点也不舒适。而贵族们住在全国各地宏伟的城堡里，城堡四周环绕着大片公园和玩乐的地方。在那里，他们最爱对下属发号施令，对竞争对手或敌人开战。那时，贵族之间的冲突、战争不

中世纪的城堡和公园

断，每个人都渴望得到更大的权力和更多的荣华富贵，每个人都极度蔑视那些比不上自己的人。理查的母亲完全拥有上述这些贵族的高傲气质。毫无疑问，她的性格对她的孩子们产生了巨大影响。在日后的岁月中，几个孩子犯下的种种罪行及经历的种种痛苦，都跟她的远大抱负和对名利的疯狂追求分不开。

理查的母亲聘请了一位宫廷里的小姐担任家庭教师，辅助自己对孩子们进行早期教育。这位女教师出身高贵，是王室之后。塞西莉·内维尔认为，由于自己家族地位高贵，并且为孩子们的未来着想，只有出身高贵的女性才能担此重任。这位家庭教师就是莫蒂默小姐。

男孩们稍大一些后，便由一个叫理查德·克罗夫特的男管家进行教导，正是孩子们在之前一封信中提到的那个。他也是一位贵族，并且军功赫赫。但男孩们觉得他过于严厉，至少从他们在信中对他的描述来看，似乎是这样。

管家和家庭教师似乎非常喜欢对方，因为过了不久，理查德·克罗夫特就向莫蒂默小姐求婚，然后两人就结婚了。

除了勒德洛城堡，理查·金雀花还拥有几处要塞，他的妻子不时会去那些地方住一段时间。家中比较小的孩子理查就出生在其中一个叫弗泽林盖的城堡里。但在讲他的出生之前，我必须先对他父亲的生平和命运做一番介绍。

第 2 章　　*CHAPTER II*

理查的父亲（1415年—1461年）

Richard's Father (*A.D. 1415-1461*)

理查的父亲是约克家族的一个王子，在世时曾被立为王位继承人，但在当上国王之前就死了，因此，他的继承权就留给了他的孩子们。他的继承权的由来及几个家族之间错综复杂的关系，将在下面以家族谱系图的形式呈现出来。

1327年至1377年的英格兰国王是爱德华三世。他和王后埃诺的菲莉帕去世后留下了四个儿子，这在下图中可以看到。他们的孩子并非只有这四个，但后来参与争夺王位的都是这四个儿子的后裔。他们分别是爱德华、莱昂内尔、约翰和埃德蒙。其他兄弟姐妹要么英年早逝，要么虽然长到成年，却后继无人。

四个儿子中的长子是爱德华，史称为"黑太子"。在《理查二世》一书中，我们已经详细地叙述了他的生平事迹。他先于父亲去世，所以没有继承王位。但他的继承权传给了儿子理查。爱德华一死，理查便成了国王，即理查二世。理查二世在位二十年。其间，他作恶多端，治国不善，后来遭到废黜。接替他的是亨利，即亨利四世。亨利四世的

```
爱德华三世 1312—1377
├─ 长子爱德华（黑太子）1300—1376 ── 理查二世 1367—1400
│
├─ 次子莱昂内尔 克拉伦斯公爵 1338—1368 ── 克拉伦斯的菲莉帕 1355—1382 ── 罗杰 第四代马奇伯爵 1374—1398
│       ├─ 埃德蒙 第五代马奇伯爵 1391—1425
│       └─ 安妮 1390—1411 嫁给第三代剑桥伯爵
│
├─ 三子冈特的约翰 第一代兰开斯特公爵 1340—1399 ── 亨利四世 1367—1413 ── 亨利五世 1387—1422 ── 亨利六世 1421—1471 ── 威尔士亲王爱德华 1453—1471
│
└─ 四子兰利的埃德蒙 第一代约克公爵 1341—1402
        ├─ 爱德华 第二代约克公爵 1373—1415
        └─ 理查 第三代剑桥伯爵 约1385—1415 ── 理查·金雀花 1411—1460
                ├─ 爱德华四世 1442—1483 ── 爱德华五世 1470—约1483
                ├─ 六子乔治 克拉伦斯公爵 1449—1478
                └─ 八子理查（理查三世）格洛斯特公爵 1452—1485
```

父亲是兰开斯特公爵——冈特的约翰，而冈特的约翰则是爱德华三世的第三子。

正如这个谱系图所示，冈特的约翰是爱德华三世的第三子，而克拉伦斯公爵莱昂内尔是爱德华三世第二子。因此，在继位顺序上，莱昂内尔的子孙本应优先于冈特的约翰的子孙。但事实是，那时莱昂内尔的后代只有一个女儿菲莉帕和当时尚在襁褓中的外孙罗杰。显然，这两人没有足够的力量争取王位，尽管从理论上来讲，他们比冈特的约翰的后代更有资格。当时，英格兰臣民急于废黜理查二世，所以愿意把王位交给任何王室成员，前提是这个人足够强大，能把理查二世从王位上赶下来。最后，人们接受了兰开斯特的亨利，他登上了王位，成了亨利四世。他和之后同属兰开斯特家族的亨利五世和亨利六世统治了英格兰许多年。

尽管英格兰臣民们默认了这个结果，但其他兄弟的家族，如莱昂内尔和兰利的埃德蒙的后人——克拉伦斯家族和约克家族，却对此不满。他们联合在一起，策划了一桩桩针对兰开斯特家族的阴谋。他们发动叛乱，挑起战争。毋庸置疑，暴力和谋杀接二连三发生，都源自这场家族纠纷。后来，为了强化两个家族的联盟，兰利的埃德蒙的第二子理查娶了克拉伦斯家族的安妮。之后不久，两个家族的其他后人先后去世了，这样一来，两个家族的继承权就都落到这对夫妻身上。他们的儿子也叫理查，也就是约克公爵理查·金雀花，他是理查三世的父亲。父母去世后，理查·金雀花理所当然地继承了两个家族的巨大财产和贵族身份。

除此之外，他还拥有祖先传下来的继承英格兰王位的资格。

上面的谱系图清晰地表明了第二列和第四列联姻之时，克拉伦斯、兰开斯特和约克三大家族子孙后代的情况。

当然，对两个竞争对手的联合，兰开斯特家族深感忧虑。当时，在位的英格兰国王是亨利五世。当理查·金雀花三岁时，亨利五世便把他保护起来，实际上是将他软禁在一座城堡里。

亨利五世驾崩后，亨利六世即位。理查·金雀花仍然受到监视。他十三岁时，王室中的约克家族和克拉伦斯家族的势力渐渐大了起来，而兰开斯特家族的势力则日渐衰弱。所以不久，理查·金雀花获得了自由，并恢复了身份和爵位。亨利六世是一个胆小怯懦、意志软弱的人。他即位时非常年轻，事实上，他当时只是个孩子。他领导下的政府

少年时期的亨利六世

混乱不堪。年轻时，他无力整顿政府。成年后，他非常软弱，很难驾驭那些强硬的大臣。他对打仗毫无兴趣，却对隐居情有独钟。随着年龄的增长，受当时的潮流和社会风俗的影响，他开始每日花大量时间做礼拜，并且十分虔诚。上面这幅亨利六世幼年的画像生动地表现了他那温柔和软弱的性格。

亨利六世性格软弱，政府混乱无能。随着他年龄的增长，情况变得越来越糟，约克家族不断壮大势力，迅速崛起，而随着势力扩大，约克家族谋夺王位的欲望变得越来越强烈。

"看啊，"约克家族说，"自从篡位者的子孙当了国王，我们得到了什么？这些兰开斯特家族的亨利皆出自更年幼的一脉，年长一脉的继承人仍在世，更有资格继承王位。理查·金雀花是真正合法的继承人。他精力充沛，让我们拥戴他成为国王吧。"

英格兰百姓虽然也希望改变现状，但并不愿意因王位易主而使国家再次陷入内战。人们说，只要亨利六世还活着，人们就不会让他下台。但因为他并无继承人，所以在他死后，理查·金雀花将继承王位。

当时亨利六世已经结婚，但并无子嗣。他的妻子是安茹的玛格丽特，是一位声名显赫的女性。她的外表楚楚可怜，内心却异常坚强，而她可怜的丈夫天性软弱，没有多少男子汉气概，所以王后很快大权在握。这非但对时局没有任何帮助，反倒使情况变得更糟糕了。整个国家似乎都在为她没有孩子这件事而开心，因为这样一来，亨利六世死后，冈特的约翰家族就没有继承人了，而理查·金雀花和其子孙们就能通过和平的方式登上王位。这时，亨利六世和安茹的玛格丽特已经结婚八九年了，仍然没有孩子，人们纷纷猜测他们不会再有孩子了。

理查·金雀花成为公认的亨利六世的继承人。改朝换代即将发生，他离王位似乎越来越近。当时，亨利六世的状态已经非常糟糕，他的身体变得羸弱不堪，他的心智变得浑浑噩噩。久而久之，他越来越麻木，没有什么事能激起他的兴趣。

亨利六世已经很难治国理政。颁布皇家法令

亨利六世的妻子安茹的玛格丽特

时，即使只需要他表示象征性的赞成，形如枯槁的他也根本做不到。一次，议会派了几个议员去拜谒他，一是想看看他的身体状况，二是想看看他是否会在一些重要的事情上给他们一些指示。然而，他们用尽了办法，最终也没有得到国王任何形式的答复或指示。他们就这样回去了。过了一段时间，他们又来了。然后，就像一份古老的文献记载的那样："他们用了所有方法和手段来感动他、刺激他，想让他就某个问题发表意见，但他们仍然没有得到任何回答，哪怕是一个单词或手势。因此，最后他们不得不满怀悲伤地离去。"

在这种情况下，议会认为，是时候对继承人的事做最后安排了。不久，议会通过了一项正式的法令，宣布理查·金雀花为王位继承人，授予他相应的爵位和权力，同时请他担任摄政王和护国公。本书的主人公理查三世当时还只是个两岁的孩子，在这之前，其他十个孩子已降临人世。

英格兰臣民们都盼望着亨利六世早日驾崩，而那时作为整个王国承认的唯一合法继承人——理查·金雀花就能立即登上王位。出人意料的是，上天跟人们开了个大玩笑：安茹的玛格丽特王后居然生了一个孩子。人们原本的期许突然被打乱了。原本已经平息的继承人之争再起波澜，未来变得扑朔迷离。兰开斯特家族自然马上团结在小王子周围，声称王子才是合法的王位继承人。他们开始重新谋划，想方设法地要把王国的统治权留在兰开斯特家族一脉。克拉伦斯家族和约克家族的盟友们却宣称，不会承认这个刚出生的婴儿为合法的王位继承人。这两个家族的成员不相信他是国王的儿子，因为正如他们所说，国王早已和死人没什么分别。有人甚至说，他们根本不相信这个孩子是安茹的玛格丽特生的。曾有传闻说，她有过一个孩子，但那个孩子生下来就体弱多病，没过多久就死了。于是，安茹的玛格丽特偷偷找来另一个孩子冒充，这样在丈夫死后，这个假冒的儿子就能够即位，她也就保住了自己的权势和地位。安茹的玛格丽特野心勃勃，做事不择手段，人们都相信，她会为达到目的而使出任何罪恶、肮脏的办法。

不过，尽管谣言四起，议会还是承认了这个婴儿是亨利六世之子及王位的继承人。婴儿取名为爱德华，并被册封为威尔士亲王，这等于正式承认了他的继承权。理查·金雀花并没有公开站出来反对，尽管他自己和他的支持者们仍然坚持认为他拥有继承权。他们认为公开称王的时机还未到，目前还是静观其变为好。这个孩子也许活不久，他的国王父亲已经自身难保，随时可能咽气。如果国王和这个孩子都死了，毫无疑问，理查·金雀花就能马上登上王位。因此，理查·金雀花觉得最好还是再等等，看看接下来会发生什么。

很快，理查·金雀花发现，事情的发展并不像他预料的那样。这个孩子活了下来，并且似乎还会好好地活下去。更糟糕的是，国王的健康状况并没有变得越来越坏，反而开始好转。不久，国王就能重新处理政务了，至少能够做到同意大臣们的提议了。接着，议会要求理查·金雀花辞去摄政王的职务。当时他想最好还是先照办，于是乖乖地辞了职务。政权很快又回到了亨利六世的手中。

就这样过了两三年，双方的矛盾越来越大，冲突越来越多，裂痕越来越深。整个国家分为两派，双方都开始集结军队。最终，理查·金雀花公开称王。这导致议会进行了长时间的激烈讨论。讨论结果是，大部分人都投票支持理查·金雀花当国王，但议会同时规定，只要亨利六世还健在，那么一切将维持现状。一旦亨利六世驾崩，王位就不会传给他的儿子威尔士亲王爱德华，而是永远传给理查·金雀花和其子孙后代。

在那些激烈的争论还没得出结果时，为了确保孩子的安全，安茹的玛格丽特王后和孩子正待在威尔士的一座城堡里。在得知议会颁布了法令，剥夺了自己儿子的继承权后，王后宣布，自己永远不会承认这项决定。她立刻向英格兰北方各地派出信使，召唤各地国王的忠实拥护者拿起武器，在边境附近集结。而她本人则亲赴苏格兰求援。当时，苏格兰国王还是个孩子，但与兰开斯特家族有血缘关系，因为他的祖母是兰开斯特家族的始祖——冈特的约翰的后代。苏格兰国王太年轻，所以没法参战,但他母亲作为他的代理人,命大军去支援安茹的玛格丽特。最终,安茹的玛格丽特亲自率领军队越过边境进入英格兰,在那里和其他几支响应她号召的军队会合。

与此同时,理查·金雀花也集结了他的支持者,开始一路北上迎击敌人。他带着两个最大的儿子,就是在上一章中给他写信的那两个。你可能会想起,其中一个是马奇伯爵爱德华,另一个是拉特兰伯爵埃德蒙。爱德华当时大约十八岁,他弟弟埃德蒙大约十七岁。人们可能会说,他们还太年轻,不适合过早地经历行军打仗的艰辛、疲劳和危险,但王子和贵族早早地随父亲上战场,是那个时代的一种风气。这些年轻的士兵真的发挥了很大的作用。因为在战场上,他们能够极大地鼓舞士气,特别是他们拥有极高的地位,这更能激励他们父亲的追随者,吸引更多的人参军。

事实上,当时爱德华的年龄已经够大了,能够独立出战了。因此,在率领大军向北方进发时,理查·金雀花派遣了一支得力的军队,护送爱德华去西部的威尔士边境集结军队。那里有很多愿意追随他、支持他事业的人。比爱德华小一岁的埃德蒙则和父亲一起出战。

理查·金雀花率大军进至约克城。约克城在当时是一个非常坚固的要塞。下面这幅版画很好地展现了那时约克城城墙的外观。这些城墙今天依然存在，事实上，几乎所有城墙都保存完好，有许多游客前来参观。人们认为，它们为研究中世纪的防御工事提供了非常完整的样本。但作为防御工事，因为无法抵挡住火炮的轰炸，这些城墙现在几乎没用了。

站在城墙上，你能看到位于城中心的著名的约克大教堂，它是英格兰最宏伟的大教堂之一。光是建造它就用了一百五十年，它建成于理查·金雀花之前约两个世纪。

理查·金雀花命大军进入约克城，然后驻扎下来。在这里，他等待自己的儿子从英格兰西部带回援兵。

当他在这里等待援兵时，安茹的玛格丽特王

约克城

后率领从苏格兰借来的军队及在英格兰北部募集到的人马，从北方一路南下，也来到了那里。她进至约克城附近，然后安营扎寨。为了刺激理查·金雀花出城来正面交锋，她派使者到理查·金雀花那里，奚落和嘲笑他藏在坚固的城堡里。

理查·金雀花的谋士们建议他不要出城作战。有个叫戴维·霍尔的谋士是他忠实的老部下，力劝他不要在意安茹的玛格丽特王后的挑衅。戴维·霍尔说："我们还不够强大，很难与她的军队正面交锋。我们必须等我们的援兵到来。现在这样出去很危险，并且没有任何意义。"

"啊！戴维，戴维，"王子说道，"你敬仰我那么久了，现在你要让我丢脸吗？当我在诺曼底当总督[①]时，法兰西王太子集中他的全部兵力来围攻我，你见过我躲在堡垒中吗？我总是像个男人一样勇敢地迎战，而不是像被关在笼子里的鸟一样懦弱地躲藏。我从没有因恐惧而当缩头乌龟，那么现在

---

① 理查·金雀花曾被亨利六世任命为诺曼底总督。其间，他与法兰西国王和王太子多次交战。——原注

你认为我——一个伟大的王子——会怕一个责骂我的女人吗？她的武器只有她的舌头和指甲。从来没有一个男人能让我害怕，难道我会给人们机会说我在一个女人面前变成了懦夫？不，我永远不受这样的耻辱。我宁肯体面地死也不愿在羞愧中活。因此，敌人再多也丝毫不会阻止我，只会刺激我。因此，以上帝和圣乔治的名义，挥舞起我的战旗吧！我决定出去迎战，即使是我独自一人。"

于是，理查·金雀花骑着战马，率领大军出约克城，向安茹的玛格丽特王后的营地进军。埃德蒙和父亲一同前往。他的老师罗伯特·阿斯佩尔与他形影不离，非常细心地照顾他。安茹的玛格丽特王后的大军驻扎在一个叫韦克菲尔德的地方，离约克有些距离。就像通常的内战一样，双方士兵都义愤填膺。战斗非常激烈，但持续时间并不长。最后，理查·金雀花的军队战败，他本人沦为俘虏。埃德蒙试图逃跑，他老师一直催他快点逃命。在逃跑途中，安茹的玛格丽特王后的一个贵族——克里福德勋爵截住了他。这个可怜的男孩

理查·金雀花的最后时光

苦苦哀求饶他一命，但克里福德勋爵没有手软，当场就杀了他。

当理查·金雀花的军队发现大势已去、首领已经被俘时，士兵们作鸟兽散，战场上死尸遍野。王子本人一被俘，立即就被缴了械。根据当时的真实记录，安茹的玛格丽特王后军队中的所有将领，包括王后本人，都欣喜若狂地围在他周围。

他们把他带到一个蚁丘形成的高地，嘲笑着说，这就是他的王座。他们让他坐在上面，肆意奚落他，讽刺他。他们甚至用草编了个王冠戴在他头上，然后装模作样地在他面前行礼："万岁！没有王国的国王。万岁！没有臣民的王子。"

在极尽嘲笑和羞辱之能事后，理查·金雀花的头颅被体面地砍下，然后被叉在长矛尖上献给了安茹的玛格丽特王后。王后下令，给这个头颅戴上纸王冠，然后将它送到约克城，挂在城门口一根高高竖起的旗杆上。

我们本书的主人公理查就这样失去了父亲。那时他还小，只有八九岁。

第3章 *CHAPTER III*

理查三世的童年

The Childhood of Richard III

正如上一章结尾提到的，父亲和哥哥死在韦克菲尔德战场上时，理查还很小。那时，他可能只有八岁。显然，从关于他父母的生平记载来看，坎坷的经历贯穿了他的童年和青少年时期。和父亲在一起的时光，无论是快乐的，还是艰辛的、担惊受怕的，都少得可怜，在本书中我们会讲到一些。他的父母一直过着漂泊不定的日子。他们住过太多的城镇和城堡，所以我们不清楚小理查究竟出生在哪里。人们猜测，他可能在1452年生于弗泽林盖城堡。他的父亲死于1461年，所以正如之前所说，那时他八九岁。

关于理查的身世，有许多离奇的故事。成年后，理查成了一个道德十分败坏的人。于是，人们对他的妖魔化从他还是个躺在襁褓中的婴孩时，就开始了。据说，他出生时相貌丑陋，身体畸形，头发和牙齿已经长了出来。这些都被视为他后来性情暴戾的预兆，也是他后来犯下种种暴行的预兆。然而，这种说法的真实性值得怀疑，最有可能的情况是，他出生时看起来和别的孩子没什么不同。

理查的父亲和哥哥死在了韦克菲尔德战役中，而在这场可怕的大灾难之前，这个家族就发生过许多跌宕起伏的事。那时，年幼的孩子由谁来照顾？理查心里很清楚，唯一可以托付的只有他们的母亲——塞西莉·内维尔。年龄稍大的儿子们随父亲南征北战，一起经历战争的无情，品尝胜利的喜悦。年幼的孩子们则和母亲一起过着隐居的生活，时常变换居住地点。但不管他们住在哪里，安全都是最先考虑的因素。

事实上，儿时的理查经历了突如其来的、猛烈的家庭巨变，过程之跌宕起伏甚至超过了最传奇的小说。一次，当塞西莉·内维尔带着理查和其他几个年幼的孩子住在勒德洛城堡时，她丈夫的敌人——兰开斯特家族的人突然出现在城门口。王子的部下还没来得及抵抗，城堡就被占领了。兰开斯特家族的人希望在城堡抓到理查·金雀花本人，但他当时并不在那里。失望之余，敌人们恼羞成怒，开始报复性地洗劫所有房间，并摧毁一切看得见摸得着的东西。在几间隐秘的内室里，他们发现了塞西莉·内维尔和她的孩子们。他们立刻抓住他们，把他们当成囚犯带走了。国王亨利六世下令，把他们关在英格兰南部一座城堡严密看管，并没收了理查·金雀花和塞西莉·内维尔的所有财产。正当母亲和孩子们凄惨地过着阶下囚的生活时，父亲和年长的儿子们义不容辞地从家中赶来救他们。不到三个月，这些受尽折磨的逃亡者再次出现。他们此时以胜利者的姿态骑着战马穿过乡村，率领着胜利的军队凯旋。塞西莉·内维尔和她的孩子们重获自由，被没收的财产拿回了，被剥夺的权力恢复了。而亨利六世——原本俘虏他们的人——现在成了他们的俘虏，戴着枷锁被押到了伦敦。此时，轮到安茹的玛格丽特王后和她的儿子不得不从他们的地盘赶来营救国王了。

这次危机发生后不久，理查·金雀花，即理查三世的父亲，就和亨利六世家族进行了激战。最后，理查·金雀花在韦克菲尔德丢了性命，这些在上一章中已经讲过。

当然，在战乱与动荡中长大，见惯了同族人之间残酷无情斗争的理查,很小就被家人教导要胸怀大志、勇敢无畏,与敌人搏斗时要不择手段。儿时种在心里的种子,日后结出了最可怕的果实。这些我们会在之后的篇章中讲到。

约克家族拥有许多祖上传下来的城堡,其中许多已经父子相传多代。这些城堡有的是坚固的堡垒,通常建在人迹罕至的野外,用来作为临时避难所或军队的集结地;其他城堡则被用作私人宅邸,为了使居住者住得舒适,城堡里建有许多设施。城堡的四周是花园和草地,住在这里的男女老

约克家族的宅邸与花园

少都能纵情娱乐。

当丈夫理查·金雀花北上与安茹的玛格丽特王后的军队作战时（也就是上一章我们提到的那场战役），塞西莉·内维尔和年幼的孩子们就住在伦敦附近一座这样的城堡里。塞西莉·内维尔的日常饮食起居保持着非常高的规格，因为她觉得，丈夫登基为王的日子马上就到了。事实上，她在心里早已把丈夫视为真正的、合法的君主。她相信，全英格兰很快就会承认她丈夫的国王身份，到那时她就是英格兰王后了，而她的儿子们会成为万众瞩目的尊贵的王子。她不断地把这些想法灌输给孩子们，并且要求侍从对他们一家恭恭敬敬、绝对地服从。

住在伦敦附近的城堡里时，她每天都在等待信使从北方回来，为她带回丈夫打败敌人后凯旋的消息。一天，她终于等到了丈夫的消息。在得知丈夫战败，并且和身边刚刚成年的儿子一起被敌人残忍地杀害后，她顿觉五雷轰顶，陷入了极度的悲痛和绝望之中，而安茹的玛格丽特王后——那个她最痛恨的敌人——现在正举着胜利的旗帜，一路高歌向伦敦进发。

形势危急。此时，塞西莉·内维尔正带着两个最小的儿子——乔治和理查。她能做的只有想办法逃命。幸运的是，当时管辖英格兰和欧洲大陆之间海域的大臣沃里克伯爵是塞西莉·内维尔的亲友。他当时正在伦敦，痛快地答应了帮助塞西莉·内维尔出逃的请求。在他的帮助下，塞西莉·内维尔带着两个孩子和几名侍从秘密地逃出伦敦，一直来到南部海岸。在那里，她把孩子们和侍从送上了荷兰王子的小船。荷兰王子是她的好友，她求他收留两个孩子。荷兰王子同意了，他带着两个孩子前往荷兰。登陆后，荷兰王子热情地款待了乔治和理查，并把他们安顿在乌得勒支市的一所宫殿，那里很安全。不久，荷兰王子就任命自己信任的老师和管家来负责他们的教育。从当时的情形来看，他们可能会在那里住上几年。

他们的母亲没有和他们一起去荷兰。她害怕留在英格兰，但原因不是担心自己的安危，而是为她无助的孩子们着想。对她而言，她唯一的想法就是勇敢地去面对危险，并战胜它们。因此，她大胆地返回伦敦，在那里等待即将发生的一切。此外，她的大儿子仍然在英格兰，她不能丢下他不管。你可能还记得，在北上与安茹的玛格丽特王后作战时，理查·金雀花派自己的大儿子马奇伯爵爱德华去英格兰西部召集援兵了。父亲的死讯传来时，爱德华正在格洛斯特。格洛斯特位于英格兰西陲，靠近威尔士东南边境。现在，既然丈夫已经死了，塞西莉·内维尔把对未来的所有期望及复仇的希望，全都寄托在自己的长子身上。她希望能手把手地教导他，竭力去辅佐他。她的这些计划如何成功，以及爱德华如何在她的帮助下很快成为英格兰国王，将会在下一章讲到。

第 4 章　*CHAPTER IV*

爱德华四世即位（1461年）

Accession of Edward IV (A.D. 1461)

如前所述，在格洛斯特，理查的哥哥爱德华获悉了父亲理查·金雀花死亡的消息。这个消息让他的生活发生了巨变。对他母亲来说，这场巨变不啻是一场巨大的灾难，除了悲伤和愤怒，她的心灵已经变得迟钝和麻木。对爱德华来说，在经历了起初的惊讶和悲伤后，他心里反而涌起一丝喜悦和自豪。正如母亲一直告诉他的那样，作为父亲仍然在世的长子，他立刻继承了父亲所有的头衔和权力，这意味着他成了王位继承人。因此，短暂的痛苦很快被巨大的喜悦代替。他情不自禁地喊道："现在英格兰的国王是我！"

他的兴奋之情很快感染了他身边的人。他准备率领军队东进，计划在安茹的玛格丽特王后去伦敦的路上拦截她的人马，因为他知道，她现在一定正在快马加鞭地向首都前进。

于是，他的军队立即开拔。行进过程中，他发现，自己追随者的数量在迅速增加。事实上，在杀害了理查·金雀花和他儿子埃德蒙后，王后的人在错误的道路上走得太远了，这不仅完全背离了他们的初衷，也完全背离了民意。他们如此残酷的行为令百姓非常愤慨。支持约克家族的人并没有被他们残忍的杀人手段吓倒，而是被他们的兽行激怒。他们都渴望加入年轻公爵爱德华的队伍，帮助他为他父亲和弟弟报仇。那些之前支持兰开斯特家族的人都心情沮丧，而那些曾经犹豫不决的人现在也下定决心要和王后决裂了。

就这样，安茹的玛格丽特种种倒行逆施的行为使那些曾经的追随者渐渐离她而去。他们的恶行不但没有吓住英格兰人民，反倒严重地削弱了作恶者的气焰。

与此同时，在年轻的爱德华率领军队从西边奔赴伦敦拦截王后的军队时，前文提到的塞西莉·内维尔的亲友沃里克伯爵也在伦敦近郊集结了一支大军，现在正率领这支军队北上。可怜的俘虏，国王亨利六世正和他在一起。名义上，国王是御驾亲征，由国王来发号施令，但实际上，国王只是一个孤独无助的傀儡，在胁迫下茫然前行。他如果还有一点点理智，能有自己的意愿，就应当率领一支军队去阻止自己的妻子和最好的朋友再次挑起战争。

　　王后和沃里克伯爵的军队都在朝着对方行进，最终在伦敦北部不远的地方相遇了。双方展开了殊死的较量。最后，王后一方取得了完全胜利。夜幕降临时分，沃里克伯爵发现自己的军队被打得溃不成军，战场上的士兵丢盔弃甲，四散而逃，道路两侧躺着数以千计的死伤者。守营的士兵纷纷弃营逃跑，没有时间去拿回任何东西，甚至连可怜的国王也被留在了那里。在一顶帐篷里，王后的一个军官发现了他，此时他身边只跟着一个随从。王后找到了丈夫，自然欣喜若狂。她不仅是因找到国王而感到高兴，还是因她现在可以打着他的旗号发号施令了。于是，她准备了一份宣言，由国王声明，因为之前被人胁迫，所以他和沃里克伯爵在一起时做出的决定全部无效。他声称，那些决策并非他本人自愿做出，他还宣布爱德华是叛徒，并出重金悬赏捉拿他。

　　此时此刻，王后再次欢喜激动起来。要不是想到爱德华的军队正从西边向这里赶来，他们之间还有一场恶仗要打，她简直会高兴得忘乎所以。但她认为，没有必要害怕这样一个男孩，毕竟爱德华那时只有十九岁左右。因此，她率领军队继续向伦敦前进，一路上为自己的胜利而感到得意，为反对者的阻扰而感到愤怒。她的队伍纪律涣散，士兵们一路上的种种恶行更是举不胜举。他们洗劫村庄，毫不留情地抢夺他们认为属于敌人的财物，做出许多残忍卑鄙的事情。其实，这种情形总是发生在内战中。而在对外战争中，军队往往更容易管理。因为在外国的领土上作战时，士兵们对当地人并无私怨或仇恨，往往认为面对侵略者，人们必然会保卫家园，奋起抵抗。但在内战中，每个人都对异己抱有一种特殊的个人仇恨，而在实际交战时，这种仇恨常常会演变成一种难以控制的愤怒。

就这样，王后率领大军前进，一路烧杀抢掠，无恶不作，他们的暴行让整个国家都笼罩在一片恐怖的气氛中。他们甚至占领并洗劫了修道院，这简直是一种渎神的行为。他们的所作所为致使英格兰人民群情激愤。"一群卑鄙的人！"老百姓们听到这个消息都愤愤地说，"在他们眼里没有什么是神圣不可侵犯的。"伦敦的老百姓非常担心，如果王后的军队占领伦敦，整座城市就会面临被洗劫的危险，因此，他们都站出来反对她。一天，王后派遣一队士兵进城去要物资，也许伦敦的当权者们认为，服从国王发出的命令是他们的义务，于是，他们装了满满几辆车的物资，准备送它们出城。但伦敦发动了暴乱，人们把车停在了城门口，拒绝它们出城。

与此同时，爱德华的队伍越来越壮大，士兵们快速前进，越来越接近伦敦。最后，爱德华和沃里克伯爵率领的残部会合，这是伯爵在和王后较量后仅存的一些人马。此时，王后发现，爱德华的力量越来越强大，她不敢和他正面交锋，所以又率军向北方撤退了。爱德华并没有继续追击，而是直接进驻伦敦城。人们为他敞开了大门，把他当作救世主，欢迎他的到来。人们拥上街头，夹道相迎，欢呼喝彩声响彻云霄。

的确，面对此情此景，所有人都感到兴奋和

激动。这个还不到二十岁的男孩,长相英俊,举止优雅。他带领一支大军来到这片土地,为惨死的父亲和弟弟报仇。而现在,他的军队已经进入了首都——那个与他有着不共戴天之仇的国王和王后的领地。

不过,虽然爱德华长驱直入,进了伦敦,但亨利六世当时仍然是公认的国王。爱德华和其盟友们坚持认为,爱德华有权统治这个国家,但并没有人敢说他能越过法律程序而直接登上王座。然而,现在人们都期望亨利六世能够很快被正式废黜,伦敦周边的人们都对此事感到既兴奋又好奇。许多周围城镇的人每天都会拥入伦敦,大家都想看到一些新闻,打听到一些线索。每当爱德华出现在公共场合,人们都会拥上街头,渴望一睹尊容。

进入伦敦几天后,爱德华的谋士和盟友们认为,行动的时机已经到来。他们准备在一片空旷的场地上举行一场隆重的检阅仪式,试图通过这场检阅引起百姓的注意。不出所料,检阅仪式按照预期计划举行了。在仪式进行的过程中,两个贵族出现在众人面前发表了演讲。其中一个人的演讲是关于亨利六世的。他谴责了亨利六世政府犯下的罪行、背叛行为及其对百姓的压迫。他详细描述了国王的软弱无能,指责国王完全没有能力处理任何政务。演讲结束后,他大声问人们是否愿意继续忠于这样一个国王。

人们纷纷大声高呼:"不,不,不!"

接着,另一位演讲者做了一篇夸赞爱德华的演讲。他解释了爱德华应继承王位的合理理由,表示爱德华比亨利六世更有资格当国王。他长篇累牍地歌颂爱德华的个人品质,称赞其勇气过人、精力充沛及拥有各种与众不同的美德和成就。发言结束后,他大声问人们是否会拥戴爱德华为国王。

人们大声欢呼道:"是的,是的,爱德华国王万岁!爱德华国王万岁!"

当然,人们这样聚集在一起拥立某人为王是没有法律效力的。当时的英格兰是君主制国家,在一个众人聚集的检阅仪式上随便推举某人为王,无论如何,都不能被视为有效。这个仪式只是想公开宣布，爱德华想立刻夺取王位。

第二天，英格兰所有贵族和国家官员召开了一次大会。会议通过了一项法令，宣布由于国王亨利六世近来的所作所为，亨利六世已被罢黜，并正式宣布爱德华为新国王。随后，按照事先安排好的，爱德华立刻骑在马上，率领皇家骑兵队伍来到威斯敏斯特宫。在那里，在众多臣民的见证下，他登上了宝座。接着，他坐在王座上发表了一篇演讲，解释了他的世袭继承权的来龙去脉，并宣布，他将坚决维护自己的权利。

然后，爱德华来到威斯敏斯特教堂，在那里又举行了一次同样的仪式。同一天，伦敦各地都公开宣布承认爱德华为国王。

此时，爱德华的内心激情荡漾，迫切地想要再次出发，率领军队一路向北追击前王后安茹的玛格丽特和前国王亨利六世。此时，他们已经去了约克。安茹的玛格丽特不仅需要照顾亨利六世，还要照料八岁的儿子威尔士亲王。因为年轻的王子是兰开斯特家族的王位继承人，所以除了亨利六世和玛格丽特，爱德华同样非常渴望抓到他。于是，爱德华率领五万大军快马加鞭地出发了。玛格丽特的军队当时已驻扎在约克附近，约有六万人马。

双方积怨已深，都渴望决一死战。爱德华下令，让他的军队奋勇杀敌，不留活口。两军在一个叫陶顿的地方相遇，接着战斗就在暴风雪中打响了。两军从9时厮杀到了15时，玛格丽特的军队被打得落荒而逃。爱德华的士兵们沿路追击，一抓到敌军士兵，就毫不留情地屠杀他们。最终，尸横遍野的战场上留下了近四万具尸体。

玛格丽特带着丈夫和孩子一路向北逃窜。乘胜追击的爱德华顺利地进入了约克城。在城门口，他发现，先前由王后竖立的那根挑着他父亲和弟弟头颅的杆子仍然立在那里。眼前所见使他愤怒至极，他恭恭敬敬地取下了两颗头颅，换上了两个他砍下的囚犯的头颅。我猜想，如果他那时抓住了亨利六世和玛格丽特，他一定会把他们的头砍下来挂上去。但他没能逮到他们。他们逃往北方的苏格兰边境，最后逃脱了。

此时，爱德华决定不再继续追赶，因为在伦敦还有更重要的事情等着他去做。他已经取得了战争的胜利，敌人被他打得落荒而逃，而他也要回到首都。对这一切，他感到心满意足。他首先把父亲和弟弟的遗骨收集在一起，在约克附近的一处家族城堡中举行了隆重的葬礼安葬他们。但这只是暂时的安放之处。等一切尘埃落定，他会再次举行盛大的葬礼将他们的遗骨运回英格兰南部的最终安葬之处。

一到伦敦，爱德华首先派人接回了自己的两个弟弟，乔治和理查。大家也许还记得，他们两人被母亲送到了荷兰，当时正住在乌得勒支市接受教育。他们是爱德华唯一活着的两个兄弟了。不久之后，他们就回到了伦敦。失去了丈夫的母亲看到他们兄弟三个安然无恙，在祖国再次团聚，心中既忧伤又欣慰。但一想到丈夫的死，她刚刚振作的心情就消沉了下去，丧夫之痛让她无法控制自己的情绪。对她来说，丈夫的死不啻是一个致命打击，她的那些雄心勃勃的计划和抱负都随之化为泡影了。尽管她现在成了国王的母亲，却永远不可能成为王后了。整日郁郁寡欢、心灰意冷的她搬到了伦敦附近的一个城堡居住。这个城堡是约克家族的财产，大多数时间，她一个人住在那里，过着与世隔绝的生活。

男孩们从小就生活在公众的关注下。就在爱德华加冕的那年秋天，他们都被封为公爵。除了举行隆重的册封大典和游行，国王还赏赐了与他们的头衔、地位相称的丰厚财产。乔治被封为克拉伦斯公爵，理查被封为格洛斯特公爵。从那时开始，人们基本上就以封号来称呼他们了。

国王还指派了合适的人来照顾两个男孩。一方面负责他们的教育；另一方面帮他们打理财产，直到他们成年。

那时，民间有许多关于理查相貌和性格的传闻。在他死后很长一段时间，人们都认为，他打小就是个丑陋的小怪物，见到他的人都会望而生畏。事实上，成年之后的他的确相貌可憎，但据在幼年时见过并认识他的历史学家和传记作家说，他小时候是一个可爱的孩子，就是身材比较矮小、身体有点虚弱，但他的容貌还是很帅气的。负责照顾他的人曾经让他参加军事训练来增强他的体格，还经常给他穿上当时士兵穿着的沉重盔甲来锻炼他。

当时的盔甲是由铁打造的，由很多零散的铁片组成，当全部穿在身上时，几乎会包裹整个身体，这样就能抵御来自外界的所有攻击。首先，盔甲里包括一个头盔或一顶铁制的帽子，它从上而下垂下大片的椭圆形铁片，可以起到保护耳朵的作用。接着是护喉甲。顾名思义，它是一种能够保护颈部的领子。然后是保护肘部的护肘甲及保护肩部的肩板。还有就是保护前胸的胸甲或盾牌，以及保护大腿和小腿的护胫甲。这些装备在当时非常有用，它们提供了非常有效的保护，能够抵抗当时所有的常规武器。但它们让士兵们变得非常笨重、行动不便，极大地影响了他们在战场上的灵活性。沉重的盔甲确实是有一定好处的，比如当骑在马上的骑士与敌人相遇时，沉重的盔甲除了能充当很好的保护，也会对敌人产生更大的威慑力。但他如果不小心掉下马来，就会被盔甲束缚，很难从地上站起来。除非他的战友能够赶来救援，否则他就只能孤立无援地躺在那里等死了。

因此，要驾驭这些铁铠甲，不但需要强壮的体格，还需要经过长时间的刻苦训练。对理查那个时代的贵族青年来说，熟悉如何使用盔甲及习惯它的重量，是他们平时学习的内容之一。那时有专门为男孩量身定做的盔甲，尺寸和重量都符合穿戴者的体形和强壮程度。今天仍然有许多这样的盔甲保存在英格兰，在伦敦塔里就能够见到几件。它们被存放在伦敦塔的马匹军械库里。军械库是一个大厅，里面有许多骑士骑着战马的雕像。他们每个人都全副武装，穿着货真价实的盔甲。这些盔甲在历史上都是有主人的。马匹按照时间顺序沿着房间两侧排开。这些从简陋到繁复的盔甲真实地记录了那个冷兵器统治下的蛮荒时代。

这些盔甲价格高昂，因此，每当穿上它们，它们的主人，这些男孩，都会感到既得意又自豪。尽管这种盔甲穿在身上非常沉重还很不舒服，但男孩们很愿意穿着它们进行军事训练。铁制盔甲价格不菲，只有年轻的王子和贵族们才能穿得起。对其他年轻人来说，市面上也有很多这种盔甲的替代品。但无论是穿着真正的盔甲还是其替代品，都需要接受大量的训练，做各种各样的练习。等到了一定年龄，男孩们就要开始学习如何穿着很重的盔甲、手上拿着沉重的武器从马上跃起、赛跑，还要练习尽可能长时间地用战斧或棍棒快速连续地发动攻击，就像有一个敌人躺在地上，他们需要不断地抡起武器，把他的盔甲打成碎片。他们还要学习如何穿着盔甲跳跃、翻跟头，如何从地上一跃而起，从另一个人身后跳上马，然后只用一只手调整身体等。有一项必学的技能，是学习如何从两面距离很近的隔断墙中爬上来，这要求他们用背部抵着一面墙，再用膝盖和手抵住另一面墙。还有一项必须掌握的技能，是学习如何只用双手从反面爬上梯子。

此外，还有一项很有名气的训练项目，或者说是游戏，需要使用枪靶来完成。枪靶由一根立在地上的大约有十到十二英尺①高的结实的杆子组成。它的顶端有一根坚固的横杆，用来开启顶部的支轴，这样转轴就可以一圈圈地旋转了。横杆的一端固定着一个正方形的木板做靶子，另一端则挂着一根很重的木棒。横杆就那样放置在中间的支轴上，可以很轻松地移动。游戏开始时，比赛者们骑着马一个个地从横杆的靶子下方经过，用力朝靶子扔出手中的长矛。如果长矛打到靶子，横杆上的靶子这头就会开始旋转，同时带动另一头沉重的木棒转起来。马上的人如果没有立刻躲开，就会被木棒打中头部。这就好比在作战时士兵正在迎战一个敌人，而同时身后有另一个敌人准备伺机从背后偷袭他。

时至今日，仍然有一个古老的枪靶竖立在肯特郡奥弗姆当地村庄的田地里。

当然，这样的训练只适合成年男性，或者至少是体格力量快接近成年人的男孩。除此之外，也

---

① 1英尺≈0.30米。——编者注

枪靶

击球

打板羽球

有一些适合小男孩的游戏和运动。古书中有一些关于这些古老游戏的简单插图。在其中一幅图里，男孩们正在击球。另一幅图里，他们正在打板羽球①。他们使用的球拍做工非常粗糙。

这些插图告诉我们，这些普通的游戏历史有多么悠久。在当时的另一张图里，男孩们正在玩铁环。两个男孩把铁环从他们中间高高举起，另一个男孩正准备头朝前从铁环中间跳过去。他打算跳过去用双手先着地，然后翻一个跟斗，这样就能稳稳地站起来了。

无论在运动娱乐时，还是在日常生活中，理查都有一个玩伴和朋友，那就是他哥哥克拉伦斯公爵乔治。乔治不仅比理查年长，也比他更健康和更热爱运动。有人认为理查可能对自己造成了伤害，这也许在一定程度上加重了他日后的畸形，或者他的畸形完全就是由他自己造成的。因为他总是试图在这些运动中和他哥哥并驾齐驱，所以过于透支自己

---

① 板羽球是用木板拍击羽球的一种球类运动。——译者注

的身体。他总是穿上沉重的盔甲，或过度运动，而这些已经超出了他身体的承受能力。

男孩们的教育并没有被完全忽视。他们学习读和写，尽管他们不会写很多字或写得很好。现在我们仍然能够在一些保存至今的古老文件中看到他们的签名。

理查的签名

从哥哥爱德华登基时起，理查便一直住在家族的城堡里接受教育，直到十四岁。那时爱德华国王二十四岁，克拉伦斯公爵大约十七岁。

第 5 章　　*CHAPTER V*

造王者沃里克（1461年—1468年）

Warwick, the King-Maker (A.D. 1461-1468)

哥哥爱德华四世开始执政时，理查只有八九岁。爱德华的统治持续了二十年——除了中间曾有过短暂的中断，原因会在后面讲到。因此，理查生命中很重要的一段时期，也就是从他大约十四岁到大约三十岁的这段时间，他都是哥哥的一名臣民。的确，他是一个王子，并且是王国里地位最尊贵的王子——他是王位的第三顺位继承人——哥哥克拉伦斯公爵乔治比他年长，所以自然排在他前面。尽管是无比高贵的王子，但这两个年轻人依然要臣服于国王。他们要服从兄长爱德华四世的权威，侍奉他并遵从他的意志，奉他为至高无上的君主。但除了国王外，他们是整个王国中地位最高的人物。从这时起，乔治通常被称为"克拉伦斯"，而理查则被称为"格洛斯特"。

爱德华登基时，前王后安茹的玛格丽特和前国王亨利六世被逐出国家逃往北方。读者们可能会对他们逃亡之后的境况感到好奇。当时，他们看起来似乎已经前途尽毁，但他们的再次崛起，注定会成为一个惊心动魄的故事，这是一场命运的惊天大逆转，约克家族和兰开斯特家族的整个斗争过程，在几乎所有名门望族的历史上书写下不平凡的一笔。在他们被驱逐，也就是亨利六世和安茹的玛格丽特无望地逃亡了大约十年后，胜利女神终于和他们站在了一起，王权再次易主。这次轮到爱德华四世被屈辱地逐出英格兰。如果把这件事的来龙去脉讲清楚，简直可以写成一个十分戏剧性的故事。

为了让读者更清楚地了解这个故事，我将首先列举几个其中涉及的主要人物，并简要地为读者介绍他们各自的身份及他们彼此的关系。

首先是亨利六世的家族，包括他和他妻子安茹的玛格丽特，及他们的幼子威尔士亲王爱德华。随父母逃亡时，这个男孩大约只有八岁。上一章我们讲到他们为了逃命，去了苏格兰边境，把英格兰拱手让给了爱德华和其军队。

在这场王位争夺战中，亨利六世和其幼子威尔士亲王当然代表着兰开斯特家族一方。

约克家族的代表首先是爱德华，作为国王，他被称为"爱德华四世"。其次是他的两个弟弟乔治和理查，他们被称为"克拉伦斯"和"格洛斯特"。如果爱德华四世结婚并生下儿子，那么他的儿子将会继承王位，乔治和理查将不再有继承权。但如果爱德华四世死后无子嗣，那么乔治将成为国王。如果乔治死后也无子嗣，那么理查将会成为国王。因此，现在的情况是，乔治和理查是王位的假定继承人。他们自然希望兄长爱德华四世永远不结婚。

除了这两个仍然活着的兄弟，爱德华四世还有一个妹妹叫玛格丽特。玛格丽特比国王爱德华四世小四岁，比理查长六岁。此时，她大约十七岁左右。那个时候，王室中这样一个妙龄少女会被视若珍宝，因为通过让她与别国王子联姻，国王常常能够达到自己的政治目的，甚至能够以此来进一步巩固自己在别国的利益。

这位年轻的小姐，也就是爱德华四世的妹妹，也叫玛格丽特，与前国王亨利六世的王后同名。为了便于区分，人们通常叫她"约克的玛格丽特"，因为她来自约克家族。玛格丽特王后则以其出生地命名，被称为"安茹的玛格丽特"。

接下来要登场的一个重要人物是沃里克伯爵。读者应该还记得，在乔治和理查的父亲死后，塞西莉·内维尔想要把他们送走，沃里克伯爵当时恰巧掌管着英格兰和欧洲大陆之间的海峡，因此，正是在他的帮助下，他们才出了海。那时他手握大权，在政治上有巨大的影响力，加上他正值壮年，性格也随和，使他如虎添翼，在待人处事时展现了巨大的优势。没有他，爱德华四世就不可能打败兰开斯特家族。爱德华四世非常清楚，如果沃里克伯爵和其支持者抛弃了他，他的王位就不保了。的确，沃里克伯爵的"造王者"称号并非浪得虚名。在这场斗争中，很多时候，只要他愿意，他可以轻而易举地搞垮一方，扶植起另一方。他来自内维尔家族，一个相当有势力的大家族。爱德华刚一登上王位，沃里克伯爵便理所当然地成为首相，他的一个兄弟也被任命为议长。还有许多重要、尊贵的职位也都由内维尔家族的成员担任。事实上，虽然爱德华四世是名义上的国王，但在某种程度上，人们也许会问，统治英格兰的究竟是约克家族还是内维尔家族。

沃里克伯爵有两个女儿，伊莎贝拉和安妮。正如爱德华四世眼中的妹妹约克的玛格丽特一样，这两个女儿也被沃里克伯爵视为最重要的政治资源。通过让她们与权贵联姻，他可以巩固联盟，拓展势力。如果有可能，他还想将其中一个女儿嫁给英格兰国王，或者嫁给日后有希望当国王的某个王子。

至此，我们已经认识了正在讲述的这个故事涉及的三大家族。首先，兰开斯特家族的代表，软弱的亨利六世、精力充沛又意志坚强的安茹的玛格丽特和他们的幼子威尔士亲王；其次，约克家族的代表，国王爱德华四世、他的两个弟弟——克拉伦斯公爵乔治和格洛斯特公爵理查，以及国王的妹妹约克的玛格丽特；最后，处于这两派之间的沃里克伯爵和他的两个女儿伊莎贝拉与安妮——他们代表自己那个势力巨大的家族，影响力渗透到王国的每寸土地，只要他们愿意，他们足以扶持任何人称王。

现在，我们准备跟随安茹的玛格丽特和其丈夫、儿子，看看在爱德华四世打败他们并即将登上王位时，他们向北逃跑的情况。在几个随从的陪伴下，她带着国王和小王子飞快地逃命，直到越过边境，安全进入苏格兰。苏格兰人支持她的事业，帮助她集合起了新的军队。她带着新的人马，尝试对英格兰发动了一两次突袭，但很快发现这样做没有什么意义。因此，在浪费了一些时间尝试无果后，她和国王、王子一起离开苏格兰，去了法兰西。

到了法兰西，她便与法兰西国王和欧洲大陆其他国家的王子、君主展开了谈判，想借此筹集军队和资金再次进攻英格兰。起初，这些国家都拒绝伸出援手，说国库也已枯竭，并且同样缺乏人手。最后，安茹的玛格丽特答应法兰西国王，如果他能给她一支舰队和一支军队助她夺回丈夫的国家，她将会把加来拱手相送。虽然加来位于法兰西海岸，但当时由英格兰王国占有。这个提议非常诱人，因为加来不仅是一个绝佳的要塞，还是一个军事重镇。无论对英格兰王国来说，还是对法兰西王国来说，它都是一个非常重要的地方。

　　法兰西国王同意了这个提议。他装备了一支舰队，又准备了一支军队，随安茹的玛格丽特和亨利六世及王子启程驶向了英格兰。她计划在英格兰北部靠近苏格兰边境的地方登陆，因为她知道，比起南方人，那里的人对兰开斯特家族的人更友好。她一登陆便有许多人加入她的队伍，接着，她成功地占领了几座城堡和小镇。之前说的已经被爱德华四世任命为首相的沃里克伯爵立即率领两万精锐北上迎战。两军相遇后，法兰西士兵完全没有招架之力，顷刻便溃不成军。败军急忙向船上奔逃。但只有大约五百人成功地逃到了船上，另外五百人则被当场斩杀。安茹的玛格丽特因安顿亨利六世和王子而耽误了逃跑。她决定不再带他们一同回去，便将他们秘密送到了威尔士。她准备独自一人返回法兰西，看看还能不能找到援兵。她开始拼命逃跑，追兵则在后面紧追不舍。在这命悬一线的最后关头，她终于回到了船上。她刚一登船，舰队便起航离开。她几乎保住了所有从法兰西带来的金钱和物资，她希望留着它们，有朝一日卷土重来。然而，舰队还没靠岸就遇到了一场可怕的风暴。所有船都狠狠地撞在岩石上，成了碎片。金钱和物资遗失殆尽，许多船员溺水而死。安茹的玛格丽特和船长侥幸得以逃生。当风暴过后，他们坐着一艘在岸边找到的破渔船成功地逃到了贝里克郡。

很快，安茹的玛格丽特带着船长及一小队仍然坚持跟随她的效忠者，再次回到了法兰西。

不过，她的到来引起的动荡，却没有立刻随着她的离去而停止。得知她回来的消息后，英格兰的兰开斯特党人都激动万分，很多人又开始蠢蠢欲动。接下来的两年中，叛乱频发，战争不断，许多人因此而丧生。其间，亨利六世始终过着隐居生活，有时在威尔士，有时在威斯特摩兰的湖区和山中。他被追随者们秘密地从一个地方转移到另一个地方，只有很少的人才知道他的去向。就这样持续了两三年，最终，有一次当亨利六世的朋友们准备偷偷把他送到约克郡的某个城堡时，一个敌人看到并认出了他。敌人立即开始制订抓捕他的计划，并且争取一次成功。一天，当亨利六世正在吃晚餐时，敌人闯入了城堡，控制了他。亨利六世被突如其来的袭击吓坏了。逮捕他的人和那些等在那里准备接应的人马上带着他们的囚犯一刻不停地奔向伦敦。爱德华四世把他关进了伦敦塔，他被囚禁在那里很长时间，一直被严密看守。

亨利六世活了下来，但许多帮助他复位的支持者们都被逮捕，并以最残忍的方式被处死。爱德华四世下令杀死所有领头者。据说，在战斗结束后，爱德华四世会带着一队人马在战场上骑着马仔细查看，如果发现有受伤或耗尽力气无法动弹的贵族，就杀死他。但如果这个人是普通士兵，爱德华四世会饶这个人一命。有时，当某个特别令他厌恶的人落到他手上时，他会用最残酷和可耻的方式杀死这个人。曾经有一个有名的骑士被沃里克伯爵俘虏，并被带到了爱德华四世面前。碰巧当时爱德华四世正在生病，于是，爱德华四世下令，用最残忍的方式百般折磨他。他先是被带到大街上，一个厨师把他的马刺从他的脚上砍了下来。对一个骑士来说，这简直是奇耻大辱。然后，他的外衣袖子被扯下来，一件外套被里外颠倒着套在了他身上。接着，他被迫赤脚走到镇子尽头，躺在地上被连拖带拽地拉到了行刑的地方。在那里，他的头搁在垫头木上，被一把宽斧砍了下来。

这些事实反映了在整个王国内部，约克家族和兰开斯特家族之间有着多么大的仇恨。为了更好地理解我们将要讲到的这件不同寻常的故事，弄清它的前因后果，了解这一点很有必要。

兰开斯特家族有一个叫约翰·格雷的骑士，在两大家族内战的一场大战中，他被杀死了。除此之外，他的爵位和财产也被剥夺——这是他因被指控犯了叛国罪而受到的惩罚。他的财产统统被没收，妻子和孩子一夜之间变得一无所有。他的妻子叫伊丽莎白·伍德维尔，她的父亲理查德·伍德维尔是一名贵族骑士，母亲叫杰凯塔。丈夫丧了命，财产也被全部没收，一无所有又伤心欲绝的伊丽莎白·伍德维尔回到了自己父母在格拉夫顿的美丽庄园里。当时她十分年轻，并且相貌出众。

　　机缘巧合的是，一天爱德华四世恰巧路过此地，并去庄园拜访杰凯塔夫人。这次拜访究竟是偶然，还是杰凯塔夫人有意设计，我们不得而知。但不管怎样，美丽的寡妇伊丽莎白·伍德维尔就这样见到了国王。她跪倒在他的面前，乞求他看在她无辜可怜的孩子的分上，撤销对她丈夫的惩罚，归还其财产。爱德华四世被她的美貌和忧伤的神情深深地打动了。看着她楚楚可怜的样子，他很快爱上了她。但爱德华四世想娶她为妻的想法，几乎是不可能实现的。首先，伊丽莎白·伍德维尔的地位远远低于爱德华四世，更糟的是，她来自兰开斯特家族，是约克家族不共戴天的仇人。爱德华四世深知他们的结合将会使他的支持者们愤怒万分，并且他们如果知道这是他经过深思熟虑后才做出的决定，一定会反抗到底。一时之间，他不知该如何是好。最终不难猜出，他对这个漂亮寡妇的爱战胜了理智。他们秘密地结婚了，婚礼是在1464年5月的一个早晨秘密举行的。

整个夏天，婚礼的秘密一直被严密保守。爱德华四世认为，向各位大臣和贵族吐露真相应该从缓，他需要时间一一说服他们。这样一来，在不会一下子引起任何轰动的情况下，这件事会被众人知道。秋天即将到来时，他终于做好了准备，并公开承认了这桩婚事。

尽管爱德华四世的婚姻并未遭到公开反对，但私下激起了人们强烈的愤慨。低声的诅咒、谩骂不绝于耳。当然，国内所有大家族，只要在内战中站在爱德华四世这边的，同时家中又有待嫁的女儿的，都一直满怀希望并处心积虑地想同国王结亲。那些没有适婚年龄女儿的家族也打着自己的小算盘，或支持他们的亲朋好友，或想方设法和法兰西、勃艮第或荷兰的某个公主跨国联姻，只要这种关系能够对他们的政治有帮助就可以。沃里克伯爵似乎属于前者。之前已经说过，他有两个女儿，自然希望国王如果要选一个英格兰女子做妻子，就应该在自己的两个女儿中选择一个。因此，对国王的所作所为，他现在比任何人都恼怒。他把自己的想

爱德华四世

伊丽莎白·伍德维尔

法告诉给克拉伦斯公爵乔治，但没有让国王看出他的不满。克拉伦斯公爵乔治当然对沃里克伯爵表示同情。为了自己的利益，他早已准备好，对任何与国王婚姻有关的事表示不满。因为作为王位第二继承人，他根本不希望哥哥结婚。

不过，沃里克伯爵和克拉伦斯公爵乔治认为，暂时还是不要表明态度反对这桩婚事，所以他们随即出席了王后的公开见面仪式。众多贵族、主教和贵宾受邀前来，伊丽莎白·伍德维尔被正式地介绍给众人。在所有在场的宾朋中，沃里克伯爵和克拉伦斯公爵乔治的地位最高。他们牵着她的手，领着她，将她介绍给各位贵族和夫人，这些人对她的到来致以长久热烈的掌声。

这次盛大的见面仪式后不久，王后得到了一笔数目可观的赏赐，用于吃穿用度，好让她能够像贵族一样开始体面地生活。

第二年初，王后盛大的加冕仪式开始筹备。许多外国王子都受邀前来观礼。为了表示敬意，有些王子还带来大批骑士和随从。加冕仪式在5月举行。王后坐在由装饰华丽的马匹驼着的敞篷轿子里，在游行队伍的簇拥下从伦敦的街头经过。游行队伍经过的地方，有大批市民沿街等候。第二天，加冕典礼在威斯敏斯特教堂举行。典礼结束后，又举办了各式各样的游戏、宴会、比赛和公众庆祝活动。欢庆活动持续了好多天。

迄今为止，至少表面来看，所有事情都进行得一帆风顺。但在加冕典礼举行后不久，许多问题随之而来，并且这是许多人之前就预料到的。新王后很有野心，渴望让自己的好友进入宫廷并被委以重任。国王当然也乐意听取她的建议，但问题是，她所有朋友都来自兰开斯特家族。这些人很乐意改变自己的政治立场变成约克党人，因为这样一来，荣华富贵就唾手可得。不过，当国王的老友们发现重要职位一个接一个地被夺走，转而给了他们痛恨的敌人时，他们怒不可遏。

除了政治上的纷争，约克家族的许多联姻计划，也遭到了得势的王后家族的插手和破坏。碰巧王后有五个未出嫁的姐妹，于是，她开始谋划，想

庆祝活动在威斯敏斯特举行

把这五个姐妹都嫁给这个王国里地位最尊贵的贵族。有些人原本已经想把女儿嫁给这些人家,这自然打乱了他们的计划,使他们大失所望。眼看着五个优秀的贵族继承人就这样从他们女儿的结婚候选人名单上消失,反而去助长宿敌的力量、提升他们的威望,约克家族的人打心眼儿里感到愤怒。

就这样,人们分裂成两大阵营。王后和她的家人、朋友——伍德维尔家族和格雷家族——及他们所有的支持者形成了一派,而以沃里克伯爵为首的内维尔家族和绝大多数老约克贵族形成了另一派。克拉伦斯公爵乔治加入了沃里克伯爵一方,而理查,也就是格洛斯特公爵,选择和国王站在一边。

这样的局面维持了两年。虽然私底下双方相互仇恨、口角不断,但并没有爆发公开的斗争。宫廷内部也被分成了两大阵营或两大派,两大阵营都对对方恨之入骨,但表面上,都装作支持爱德华四世是国家唯一的合法君主。双方争夺的是国王之下的荣誉和权力。此时,仍然忠于老兰开斯特家族和亨利六世及威尔士亲王的人已经在宫廷里销声匿迹了。他们隐退到自己的城堡，整日满怀忧思地哀叹家族的衰败，也满怀期望地盼着有朝一日能再次崛起。亨利六世被囚禁在伦敦塔里，安茹的玛格丽特和威尔士王子则远在欧洲大陆。他们和他们的拥趸正在隔山观虎斗，密切关注着沃里克伯爵一派和国王一派之间的矛盾，希望双方的罅隙能够越来越大，并最终决裂。如果那样，兰开斯特家族就有可能得到沃里克伯爵的帮助，从而重新执掌大权。

现在，一个新情况发生了，进一步加深了双方的隔阂。这件事源自爱德华四世的妹妹约克的玛格丽特的婚事。在她的婚姻问题上，爱德华四世和沃里克伯爵出现了分歧。欧洲大陆上有一位查理伯爵，他是勃艮第公爵的儿子和继承人。这位伯爵希望和约克的玛格丽特联姻，但他的家族曾和约克家族为敌，并且竭力帮助过安茹的玛格丽特王后。不过，在发现爱德华四世已经牢牢地坐稳了王位后，查理伯爵的家族便转而与爱德华四世和好，并提出迎娶约克的玛格丽特公主的请求。但一向固执的沃里克伯爵并不欣赏这样的友谊，所以建议爱德华四世拒绝查理伯爵的请求，选一位法兰西王子做约克的玛格丽特的丈夫。

然而，爱德华四世倾向于选择查理伯爵做约克的玛格丽特的丈夫，这主要是因为王后看重查理伯爵和兰开斯特家族之间的老交情，所以更偏爱他。除此之外，在他父亲去世后，查理伯爵将会继承佛兰德斯地区的统治权。这里地处要塞，地理位置十分重要。对爱德华四世来说，与查理伯爵联盟将比与法兰西结盟更具有明显的政治优势。尽管如此，沃里克伯爵仍然态度强硬地坚持己见，以至于最终爱德华四世还是屈服了。于是，沃里克伯爵被派往法兰西，商洽约克的玛格丽特公主与法兰西王子联姻之事。

沃里克伯爵启程前往法兰西的阵仗十分壮观。他带着大批随从在诺曼底登陆，然后摆出了皇家出巡的阵势前往巴黎。为了欢迎他的到来，以及表现对联姻之事的重视，法兰西国王亲自出面迎接他。双方在鲁昂进行了会晤，法兰西国王非常赞同联姻一事。谈判进行了八到十天，最终一切事宜都安排妥当，很快进行到了双方约定的最后一步。法兰西国王必须派出一名信使前往伦敦。法兰西国王任命了一位大主教和几位教会内部的重要人物来执行这项任务。在这之后，沃里克伯爵回到了英格兰，很快法兰西的使者也到来了，他们以为所有重要的事情已经敲定，剩下的只有一些细枝末节了。

然而，正当一切工作在法兰西进行时，查理伯爵悄悄地派出一名信使来到英格兰，再次表明想与约克的玛格丽特公主联姻的愿望。这名信使很会办事，是在暗中运作，丝毫没有引起公众的注意。此外，由于沃里克伯爵不在，这时伊丽莎白·伍德维尔王后便毫无顾忌地在丈夫耳边吹风。爱德华四世终于被说服，答应将约克的玛格丽特嫁给查理伯爵，并签订了婚约。因此，回到英格兰后，沃里克伯爵和法兰西使者吃惊地发现，有一个既是对手又是敌人的人，在他们离开时已经捷足先登，赢得了这桩婚事。这让他们惊讶之余，也失望透顶。

在得知自己被欺骗后，沃里克伯爵大发雷

沃里克伯爵觐见法兰西国王

霆。他说这是对他的羞辱和玩弄。爱德华四世没有试着安抚他，事实上，此时任何的安慰都是徒劳。沃里克伯爵离开了宫廷，回到了自己的一个城堡里，怀着极大的愤懑开始闭门不出。

双方的分歧此刻开始释放出一股紧张的空气。爱德华四世怀疑沃里克伯爵在背着他密谋什么，担心沃里克伯爵在暗中谋划，帮助兰开斯特家族复辟。爱德华四世非常担忧自己的人身安全。于是，他将沃里克伯爵的所有亲朋逐出宫廷。每当他出现在公众场合，都有一个强壮的保镖贴身保护，好像他认为随时都有人想要他的命似的。

最终，沃里克伯爵的幼弟，当时的约克大主教介入，希望双方握手言欢。限于篇幅，我们这里不再展开描述当时谈判的细节，但结果是，双方维持了暂时的和平，沃里克伯爵重返宫廷，重掌大权。但他和国王并没有真心和解。爱德华四世忌惮沃里克伯爵的权力，也不喜欢他那种刻板、严肃的性格。而沃里克伯爵凭借自己在王国中的权势和影响力，不断地横加干涉爱德华四世和伊丽莎白·伍德维尔的计划。

爱德华四世和伊丽莎白·伍德维尔那时已经结婚一段时间了,但还没有儿子,也就是说,还没有继承人。在当时的英格兰,女儿还没有继承王位的资格。所以那时,爱德华四世的二弟克拉伦斯公爵乔治仍然是王位继承人。在这种情形下,兄弟间的疑忌之心与日俱增,克拉伦斯公爵乔治与爱德华四世渐渐疏远,反而和沃里克伯爵越走越近。最终,1468年,克拉伦斯公爵乔治宣布,与沃里克伯爵的长女伊莎贝拉结婚。听到这个消息后,国王和王后大为光火,同时非常恐慌。如果这两人真的结合,他们的势力将会合二为一,他们的力量会比以前强大得多。当两人完婚后,每个人都说:"现在,一旦爱德华四世去世——这是随时都可能发生的事,沃里克伯爵的女儿就会成为王后。那时沃里克伯爵将权倾天下,地位将会变得无比尊贵。因此,趁着这一切还未发生,我们必须马上和沃里克伯爵成为朋友,这样才能提前获得他的青睐。"

因为预见到了这场婚姻将会使沃里克伯爵权势

大增，爱德华四世和王后曾想方设法地去阻止。但他们的尝试失败了。沃里克伯爵下定决心要将女儿嫁给克拉伦斯公爵乔治。但由于宫廷内部的反对声太大，他们没能在伦敦举行婚礼。结婚典礼选在加来举行，那里是沃里克伯爵的地盘。国王和王后则留在伦敦没有出席婚礼，并且毫不掩饰地表示自己的恼怒与不满。

第 6 章　*CHAPTER VI*

约克家族的衰落（1469年—1470年）

The Downfall of York (A.D. 1469-1470)

爱德华四世原本就很担心沃里克伯爵可能会暗地里帮助兰开斯特家族复辟，而此时英格兰北部又突然爆发了叛乱，这使爱德华四世更担忧了。沃里克伯爵和克拉伦斯公爵乔治又恰巧不在伦敦，他们正在加来，克拉伦斯公爵乔治和伊莎贝拉的婚礼正在那里举行。叛乱分子不是为了帮助兰开斯特家族复辟，而是要求把王后的亲信从议会中清除出去。爱德华四世集结了一支去北方平叛的军队。然而，士兵们早已对他心怀不满，所以完全不听从他的命令。眼看着就要与叛军相遇，他的士兵却纷纷逃走了。无奈之下，爱德华四世和其余的士兵一起逃到了诺丁汉城堡，并把自己关在城堡里，十万火急地写信请求沃里克伯爵和克拉伦斯公爵乔治前来救援。

沃里克伯爵并没有立刻响应。收到消息后，他有意耽搁了一阵子，然后才和一名军官带兵从加来出发前往诺丁汉。很快，爱德华四世被救出来，脱离了险境。与此同时，叛乱也被平息了。但在这之前，叛军已经抓住了王后的父亲和一个兄弟，并且已经砍了他们的头。

此时,兰开斯特党人看到了机会。他们认为,这是一个绝佳的时机,所以开始蠢蠢欲动。当时,唯一能在战场上和敌军一决高下并打垮敌军的人,只有沃里克伯爵。他与爱德华四世一起前去迎敌。在沃里克伯爵身边,爱德华四世已经丝毫没有了君主的威严,看起来更像是一个可怜的囚犯。最终,叛乱再次被镇压,所有人也回到了伦敦。

据说,此后,爱德华四世与沃里克伯爵实现了和解。沃里克伯爵和克拉伦斯公爵乔治作为一方,爱德华四世作为另一方达成了协议,并分别签字表示赞同。双方承诺摒弃前嫌,从今往后依然把对方当作朋友,真诚相待。然后,尽管双方都郑重地签字盖章,保证遵守约定,但他们的真实关系并没有发生任何改变。协议签订后,谁也没有更信任对方。

最终,私下的不信任终于公开化了。双方签订协议三个月后,沃里克伯爵的弟弟约克大主教在自己庄园里设宴款待宾客,爱德华四世、克拉伦斯公爵乔治和沃里克伯爵等人受邀前来。双方握手言和，达成谅解，并希望今后彼此能更好地沟通。当晚餐已经备好，爱德华四世正在房间里盥洗准备用餐时，一个随从来到他身边，低声对他说："陛下有危险。房子附近有伏兵。"

听到这话，爱德华四世大惊失色，立刻悄悄溜出房子骑上马，带着两三名随从飞快地逃走了。他星夜兼程，一口气逃到了温莎城堡，那时已经是第二天清晨了。

接下来，沃里克伯爵和爱德华四世又展开了谈判。谈判期间，双方没完没了地相互指责、揭短。爱德华四世咬定，他们一定是准备发动叛乱，那天的宴请完全是场阴谋，他差点就落入了圈套，幸亏跑得快才侥幸逃脱。但对此，沃里克伯爵及其支持者完全否认，认为爱德华四世过度多疑，那天逃跑，完全是因为他的神经太紧张。最终，爱德华四世被沃里克伯爵说服，再次打消了疑虑，双方再次立约，实现和解。

这次讲和发生在1469年秋，到了1470年春，新的叛乱爆发了。爱德华四世认为，沃里克伯爵和克拉伦斯公爵乔治是背后的指使者，但还是不得不派他们带兵前去镇压叛军。他自己则立刻集结了一支大军，亲自指挥开往前线。他赶在沃里克伯爵和克拉伦斯公爵乔治之前到达，与叛乱分子打了起来，并取得了胜利。他俘虏了很多囚犯，将他们一一斩首。爱德华四世发现，或者说装作发现了沃里克伯爵和克拉伦斯公爵乔治叛变的证据，证明他们并不是真心打击叛乱分子，而是准备在第二天率兵投奔叛军，而他及时发现并粉碎了他们的计划。但我们并不确定，他是否真的发现了沃里克伯爵和克拉伦斯公爵乔治叛变的证据，或者说，是他被胜利的喜悦冲昏了头脑，决心抓住时机彻底摆脱沃里克伯爵的控制。无论如何，他现在是公开对沃里克伯爵和克拉伦斯公爵乔治宣战了。在消灭叛军后，爱德华四世立即动身，率领比对方人数多得多的军队，前去阻击他们。

  沃里克伯爵和克拉伦斯公爵乔治则率部不断迂回，耍了许多花招，他们不想和爱德华四世的军队正面交锋。其间，他们的兵力迅速减弱。他们先前虽然已与爱德华四世为敌，但因为名义上仍然是爱德华四世的军队，所以还有足够多的追随者。但现在爱德华四世已经对他们公开宣战，因此，他们的军队开始迅速瓦解。在这个紧急关头，沃里克伯爵突然改变了自己的所有计划。他解散了军队，然后带着所有家人，包括克拉伦斯公爵乔治和伊莎贝拉，在一小群忠实友人的陪同下，率领他的一小支近卫军，逃到了达特茅斯港，然后从那里乘船去了加来。

跟随他们一起逃亡的仆人和随从数量众多，他们搭乘的船组成了一支小舰队。克拉伦斯公爵乔治的妻子伊莎贝拉此时正有孕在身，所以他们急于到达加来，便一刻也不耽误地驾船向对岸驶去。他们以为，到了加来就会像回到家一样安全。

沃里克伯爵是加来的总督，当初离开时曾任命一个军官代他坐镇加来。在他的船抵达加来港之前，该军官就收到了一封爱德华四世的特使送来的急信。爱德华四世告诉他，沃里克伯爵已经叛变,命令他不得放沃里克伯爵和其同党入城。

就这样,当沃里克伯爵的船队到达加来港时,他们发现,一排排火炮正对着他们。岸上的哨兵对他们发出警告,告诫他们不可登陆。

看到这一切,沃里克伯爵目瞪口呆。在自己的老巢被自己的手下拒之门外,这完全出乎他的意料,也让他无比愤怒。他起初完全不明白是怎么一回事,要求镇守加来的那个军官给他一个解释。军官打发他说,是城里的百姓拒绝让他们进城,百姓们听说了他和国王爱德华四世公开宣战的消息,便立刻摆明了立场,坚决要求这个军事要塞要支持爱德华四世。沃里克伯爵接着摆出了自己女儿快要生产的事情,但军官依然斩钉截铁地拒绝他们进城,说百姓们态度坚决,自己根本控制不了局面。最后,他们不得不把船停在港口,孩子就生在了船上。而这群逃亡者从岸上得到的所有援助或安慰只有两壶酒,这还是那个军官犹豫再三后才勉强送上船的。这个新生儿是一个男孩。他的出生意义重大,因为他是克拉伦斯公爵乔治的儿子——一位王子，从一出生就拥有了英格兰王位的继承权。

最后，发现登陆加来无望后，沃里克伯爵便带领船队沿着法兰西海岸一直航行，最后到达法兰西的阿弗勒尔港。阿弗勒尔港收留了他的船队，所有人被允许上了岸。

接下来的各种阴谋诡计，我在这里就不一一详述了。最终，在登陆法兰西几周后，沃里克伯爵来到安茹的玛格丽特和她儿子威尔士亲王所在的城堡。很快，他就在那里做了一个决定。他要支持安茹的玛格丽特王后的复辟大业，帮助她丈夫亨利六世夺回王位。但他开出一个条件，安茹的玛格丽特王后的儿子威尔士亲王必须娶他的二女儿安妮为妻。据说，起初很长一段时间，安茹的玛格丽特王后都是拒绝的。她极不愿意让自己的儿子娶她恨之入骨的敌人之女为妻，她儿子可是英格兰王位的继承人啊！正是这个仇人害得她家破人亡，让她遭受了无数可怕的灾难。不过，最终她还是妥协了。她的野心战胜了仇恨，她答应结盟，前提是沃里克伯爵必须郑重起誓，从此以后必须与她站在一边，并竭尽全力帮助她丈夫的家族夺回王位。

就这样，一切开始照计划进行了。沃里克伯爵将一个女儿嫁给了约克家族未来的王位继承人，而另一个女儿嫁给了兰开斯特家族的王位继承人。他现在需要做的，只是选择帮助哪一方夺得王位而已。当然，他做出的承诺，就好像他当年出于政治目的发过的其他誓言一样，只有在需要维护自己的利益时，他才会真正遵守。

因为害怕会疏远克拉伦斯公爵乔治，所以沃里克伯爵不能立即公开宣布支持亨利六世。但克拉伦斯公爵乔治很快就离开了他。当听说沃里克伯爵的女儿与威尔士亲王结婚后，爱德华四世立即想出一个计划。他派出一个使者前去和克拉伦斯公爵乔治谈判。但这件事不能公开进行，因为他清楚，沃里克伯爵不会允许他的任何信使光明正大地登陆。因此，他派了一位女士前往。这位女士是克拉伦斯公爵乔治的妻子伊莎贝拉的好友。她取道加来，偷偷地去了目的地。一路上，她完全没有提起此行的目的，只是简单地说想去和朋友伊莎贝拉见面。到了那里，她小心翼翼地展开了行动。她很容易就和克拉伦斯公爵乔治私下会了面，并告诉他，沃里克伯爵的二女儿已经嫁给了兰开斯特家族的继承人。毫无疑问，接下来，沃里克伯爵将会帮助他们夺取王位，而到那时，克拉伦斯公爵乔治将变得一无所有。

"因此，"她说，"你离开他，回到你的兄长爱德华四世身边去是最好的选择。他会摒弃前嫌再次接纳你，并仍然会像朋友一般待你。"

克拉伦斯公爵乔治被她说服了。不久，他趁机出走去了英格兰。回去后，他对国王表示效忠，再次被宫廷接纳。

与此同时，爱德华四世在欧洲大陆的朋友不断传来消息，要他提防沃里克伯爵的阴谋，并提醒他要提高警惕。但爱德华四世毫不畏惧，放言说希望沃里克伯爵来找他。

"我唯一请求海峡那边的朋友为我做的事就是，"他说，"当他来到英格兰后，直到我抓住他之前，你们不要再次收留他，不要让他像以前那样逃掉。"

英吉利海峡对面的那个好友就是爱德华四世的妹夫勃艮第公爵。他就是上一章提到的娶了约克的玛格丽特的查理伯爵。勃艮第公爵准备了一支全副武装的舰队随时待命，一旦发现沃里克伯爵企图乘船前往英格兰，就会立即拦截他。

与此同时，安茹的玛格丽特王后和沃里克伯爵也在紧锣密鼓地做着准备工作。法兰西国王为他们提供了军队、武器和资金。一切准备妥当之后，沃里克伯爵派人去英格兰北部，给那里的朋友和支持者带去口信，让他们佯装叛乱来引诱爱德华四世带领军队离开首都。他的计划成功了。听说叛乱的消息后，爱德华四世便马上集合军队，北上前去镇压。就在这时，海上突然下起了暴雨，勃艮第公爵的舰队被暴风雨打散。沃里克伯爵立即带着安茹的玛格丽特和她儿子及自己的女儿出航。威尔士亲王当时大约十八岁。他的父亲——安茹的玛格丽特的丈夫亨利六世，并没有和他们一起离开。读者也许还记得，当时沃里克伯爵为了让爱德华当上国王而将亨利六世废黜，并把他当作囚犯关进了伦敦塔。

全欧洲的人都惊讶地注视着事情的进展，并饶有兴趣地期望看到最终的结果。就是这个人发动了一场绝望又血腥的战争，将一个国王废黜，使他沦为阶下囚，逼迫王后和作为继承人的王子赶来救他。这个人现在流亡他乡，居然把自己的女儿嫁给了这位王子，并且准备远征，目的竟然是帮助曾经被他囚禁的国王复辟。

沃里克伯爵的舰队平安地穿越英吉利海峡，在英格兰西南部的德文郡登陆。这些人的到来，向王国中的许多贵族和大家族发出一个信号，那就是他们要准备好改变立场了。事实上，在约克家族和兰开斯特家族进行的斗争中，自始至终都有一大批社会不同领域的贵族和绅士及许多投机者参与其中。每当看到一方有掌权的苗头时，他们便随时准备做墙头草。在这种情况下，其实有很大一批人私底下是兰开斯特家族的支持者。但迫于约克家族的统治，他们无法表明自己的立场。而随着沃里克伯爵的到来，这些人变得热情高涨、激动万分。爱德华四世发现，他的朋友们并没有立即响应他的号召团结在他周围。有的朋友开始犹豫，是否要继续和他做朋友。一个伦敦的神父甚至胆大包天地公开为"塔里的国王"①祈祷。这个行为得到了民众的认同，人们被煽动起来，整个伦敦城仿佛已经做好拥护亨利六世重新为王的准备了。

　　许许多多的迹象让爱德华四世如临大敌。当得知沃里克伯爵已经登陆后，他再次率军南下。其间，理查一直是爱德华四世的忠实拥护者。他一直和爱德华四世在一起，并指挥着一支军队。与此同时，沃里克伯爵正迅速朝北方前进，两军很快就近在咫尺了。当决战的时刻马上就要到来时，爱德华四世发现，自己的朋友和支持者们却突然离开了他。最终，有一天当他正在用餐时，一名信使进来禀报说，他手下的一名将军正带领麾下的士兵，挥舞着帽子为"亨利六世"欢呼。此时，他突然明白，自己大势已去，便立即开始准备逃亡。

---

① 指伦敦塔里的亨利六世。——译者注

这时，他正在离东海岸不远的地方，那里恰巧停着一条小船，这条船是他雇来为军队从泰晤士河运送补给用的。除此之外，还有两条荷兰船停在那里。爱德华四世立刻征用了这几条船，带着理查还有几名随从驾船向海上驶去，没有人知道他们要去哪里。

出海后不久，他们就遭到了海盗的袭击。他们在荷兰的海岸边把船拖上岸，这才逃脱。这时，爱德华四世发现自己几乎身无分文，于是不得不当掉衣服来活命。最终，在历尽艰险后，他找到了去海牙的路，当时，只有那里才是相对安全的。

一确定爱德华四世已经逃命，沃里克伯爵便立刻向伦敦进发，现在已没有任何人能阻挡他了。他得意扬扬地进了伦敦。克拉伦斯公爵乔治等在那里，和沃里克伯爵一起进了城。说到克拉伦斯公爵乔治，他之前虽然回到了英格兰，打算追随兄长爱德华四世，但其实他在观望，权衡利弊，同时犹豫不决，一直未表态支持任何一方。现在，他再次迫不及待地投靠了沃里克伯爵。

王后伊丽莎白·伍德维尔和她母亲杰凯塔此时正住在伦敦塔，也就是亨利六世被囚禁的地方。因为整个伦敦塔是一片很大的建筑群，所以宫殿和监狱是连在一起的。在获悉爱德华四世战败及沃里克伯爵和克拉伦斯公爵乔治已经胜利进驻伦敦的消息后，伊丽莎白·伍德维尔立即带着母亲、三个女儿——小伊丽莎白、玛丽和塞西莉及一名女仆飞快地跑下塔楼，登上塔外一直等候在那里的一艘驳船，然后命令船工送他们去威斯敏斯特。

威斯敏斯特位于伦敦的上城区，而伦敦塔则在下城区。一到威斯敏斯特，这群人就逃到一处庇护所躲了起来。庇护所是教堂的一部分，按照当时的规定，除非犯了渎神的大罪，否则人们是不能把逃亡者从庇护所里带走的。如下面的版画所示，该建筑的一部分继续存在了三百年。这是一栋阴森的老宅，当时王后和公主们住在里面，每天的生活一定很单调乏味。

住进老宅后，王后远离了丈夫，也远离了舒适的生活。在这种情形下，她生下了她的第一个儿

庇护所

子。一些住在附近的好心人可怜她孤苦伶仃、生活窘迫，便时常帮助她，这不啻是雪中送炭。教堂附属的修道院的院长送给她各种各样的生活用品，一位住在附近的好心人科布修女则来到这里当保姆，照顾母亲和孩子。

孩子出生几天后，就在庇护所里接受了洗礼。他父亲的名字——爱德华也成了他的名字。当然，爱德华四世儿子的出生，剥夺了克拉伦斯公爵乔治和他儿子在约克家族这一脉的王位继承权。这个小爱德华现在是继承人，并且在大约十三年后成了英格兰国王。这些我们将在后面讲到。

一到伦敦，沃里克伯爵便立即前往伦敦塔释放了前国王亨利六世。亨利六世的处境非常可怜。他居住在昏暗、简陋的房间里，衣衫褴褛，蓬头垢面。沃里克伯爵把他从监狱里接出来，待梳洗一新后，再次为他穿上王袍，正式地送他回威斯敏斯特宫。

亨利六世在那里宣布复辟，重新成为英格兰国王。但实权都把持在沃里克伯爵手里，沃里克伯爵才是真正意义上的国王。接着,沃里克伯爵召集议会,颁布法令承认新王登基。而尚未从欧洲大陆赶来的安茹的玛格丽特王后也恢复了地位。已经十八岁的威尔士亲王则成了全国关注的对象。毋庸置疑,他现在是唯一的王位继承人。

第 7 章　CHAPTER VII

兰开斯特家族的衰落（1470年—1471年）

The Downfall of Lancaster (A.D. 1470-1471)

1470年10月，亨利六世及其家族复辟了。正如我们已经看到的，因为娶了沃里克伯爵的女儿，克拉伦斯公爵乔治成了沃里克伯爵的人，所以也被引诱加入了兰开斯特阵营。但格洛斯特公爵，也就是理查，仍然忠于自己的家族。他坚定地追随哥哥爱德华四世，和爱德华四世有福同享，有难同当。此刻，他正与爱德华四世藏在勃艮第公爵的领地上。读者可能记得这个人，正是他娶了爱德华四世的妹妹约克的玛格丽特。当然，也正因如此，他才会支持爱德华四世的王业。

然而，勃艮第公爵不敢公开支持爱德华四世，因为他怕法兰西国王知道，法兰西国王可是亨利六世和安茹的玛格丽特王后的支持者。不过，他仍然竭尽全力，暗中提供帮助。很快，爱德华四世和理查便开始筹谋策划，准备杀回英格兰，夺回王位。勃艮第公爵发表了一份公开宣言，声明自己的臣民不得支持爱德华四世，禁止任何人在其领地上为爱德华四世的军队提供装备或为他的计划提供任何帮助。这个宣言其实是写给法兰西国王看的。就在公开发布这份宣言时，勃艮第公爵秘密地送给爱德华四世一大笔资金，还为他提供了一个由十五或二十艘船组成的舰队，并协助他集结了一支有一千两百人的军队。

在欧洲大陆上紧锣密鼓地进行准备的同时，爱德华四世和朋友们也秘密地与在英格兰的克拉伦斯公爵乔治建立了联系。显然，克拉伦斯公爵乔治与他们为敌，会极大地削弱爱德华四世与理查的力量。勃艮第公爵的妻子约克的玛格丽特自告奋勇地站出来，愿意去劝他回心转意。他们的母亲塞西莉·内维尔当时仍然住在伦敦附近，她对克拉伦斯公爵乔治的背叛感到十分痛心，所以也前来帮忙劝说。她们的规劝使克拉伦斯公爵乔治动了心。对克拉伦斯公爵乔治来说，他和沃里克伯爵之间的关系是基于他和其女儿之间的婚姻。但沃里克伯爵并不完全信任他。于是，在帮助亨利六世复辟后，沃里克伯爵想出了一个狡猾的计策，说服议会没收了爱德华四世的所有财产，并把它们全部赐给了克拉伦斯公爵乔治。沃里克伯爵企图通过离间计，把克拉伦斯公爵乔治牢牢地攥在手里，从而胁迫他彻底地疏远爱德华四世。

这个计划成功后，沃里克伯爵自言自语地说："现在克拉伦斯公爵乔治肯定会反对爱德华四世回英格兰。因为他很清楚，一旦爱德华四世回来重登王位，必定会将他的这些财产全部收回。"

然而，正当爱德华四世在欧洲大陆制订策略准备反攻英格兰时，约克的玛格丽特差使者去见了克拉伦斯公爵乔治。朋友和母亲苦口婆心的劝说终于使克拉伦斯公爵乔治改变了主意。他本就是一个做事毫无原则的人，关心的只是怎样做才会最快、最大程度地满足自己的野心和增加自己的财富。因此，当她们劝说他回到兄长身边，帮助自己家族复辟，要比继续维持他与沃里克伯爵和兰开斯特家族之间不正常的关系对他更有利时，他很轻易地就答应了。他还承诺，虽然目前他表面上会继续与沃里克伯爵保持友好，但如果有朝一日爱德华四世与理查打回英格兰，他将背弃沃里克伯爵和兰开斯特家族，投入自己家族的怀抱中。

这年春天，舰队和军队都已准备就绪，爱德华四世和理查从低地地区^①扬帆起航，开始穿越英吉利海峡。当时正是三月初，他们打算一直向北航行，在英格兰北部登陆。途中，他们遇到了暴风雨，舰队被打散，两人费了好大劲儿才上了岸。因为坐在不同的船上，所以两兄弟分别在相隔几英里^②以外的两个地方上了岸。当时，英格兰已经是沃里克伯爵和兰开斯特家族的地盘，爱德华四世和理查却孤立无援，处境非常危险。

然而，没过多久，他们便募集了一小支军队，士兵大多是随他们从法兰西过来，并最终成功登陆的人。他们率领这支军队向约克城进军。所到之处，爱德华四世均向臣民们宣布，自己无意争夺王位，只是想拿回那些被不公平地没收并给了自己弟弟的私人财产和土地。他说，自己完全承认亨利六世复辟这个事实，并且拥护其为国王；他还郑重地宣布，绝不会做任何事来破坏国家的和平。

---

① 狭义上指荷兰、比利时和卢森堡三国。——译者注

② 1英里≈1609.34米。——编者注

但一切承诺都是虚假的。爱德华四世之所以这样信誓旦旦，实际上是因为他的力量不够强大，所以不敢公开自己的真实意图。他们一旦说错一句话，就有可能被敌人抓住把柄，作为他们挑起战争的口实。

于是，他们就这样一路前进，没有人站出来反对他们。最终，他们到达了约克城。在那里，爱德华四世见到了市长和议员。他重申了自己的承诺，并且庄严地宣誓，再次保证会信守承诺，绝不会觊觎王位或做出任何威胁亨利六世王位的事情。他声音洪亮地喊道："亨利国王万岁！爱德华亲王万岁！"在场的人都听得真真切切。他还在自己的盔甲上插了一根鸵鸟羽毛，这是威尔士亲王爱德华的标志。对他的这些保证，约克城的百姓很满意，所以允许他入城。

爱德华四世的军队在前进的过程中不断壮大。最终，渡过特伦特河后，他到了一个地方。在过去的战役中，这里的所有人几乎都是约克家族的坚定拥趸。此时，他开始撕掉伪装，摊牌说自己回到英格兰的目的，就是要夺回属于约克家族的王位。他的军队开始亮出白玫瑰标志，这是约克家族数代以来一直沿用的徽章；而红玫瑰则一直是兰开斯特家族的象征①。总之，看到又一场内战即将到来，这里的人们群情激奋。那些整天想着跟当权者抱团的投机者也跃跃欲试，为加入爱德华四世的阵营做准备。

与此同时，惊慌失措的沃里克伯爵则率领大军从北方赶到伦敦来迎击入侵者。克拉伦斯公爵乔治指挥着一支大军，沃里克伯爵本人则率领另一支。两支军队一同前进，但中间始终隔着一段距离。为了接近克拉伦斯公爵乔治的军队，爱德华四世巧妙地行军。沃里克伯爵则想尽一切办法阻止这两支队伍会合。显然，他仍然没有充分信任克拉伦斯公爵乔治。但是，爱德华四世成功了。凭借绝妙的排兵布阵，他的军队与克拉伦斯公爵乔治的军队已经近在咫尺，他们的营地相隔只有三英里。然

---

① 因为这两个家族分别使用红、白玫瑰作为徽章，所以在这两大家族之间发生的内战在历史上被称为"玫瑰战争"。——原注

而，在克拉伦斯公爵乔治迈出那具有重大意义的一步之前，双方似乎仍然要进行最后的谈判。理查充当了谈判双方的传话人，他在两军的营地之间来回穿梭，为双方传达建议，尽一切力量扫除他们之间的障碍，最终促成了协议。终于，万事俱备。

克拉伦斯公爵乔治令士兵们把白玫瑰别在他们的盔甲上，接着，士兵们吹响了号角，挥舞起了旗帜。克拉伦斯公爵乔治从营地里走出来迎接爱德华四世，准备宣誓从此听命于他。

当率领大军来到爱德华四世的营帐附近时，克拉伦斯公爵乔治停了下来，接着，他带着若干随从走上前去觐见兄长爱德华四世。这时，爱德华四世也走出营帐，在理查和几个贵族的陪同下迎上前去。就这样，爱德华四世和克拉伦斯公爵乔治终于见面了。一份古老的文献是这样描述当时的情景的："两位主人互相问候，言语恳切。然后，克拉伦斯公爵乔治和格洛斯特公爵理查又亲切地交谈了一番，他们身后的贵族也互相致意。双方在场的所有支持者都非常高兴，其乐融融。他们感谢上帝让他们愉快地相见，如此团结、和谐，希望从今往后，他们能联手打拼、共谋昌盛。"

听到克拉伦斯公爵乔治叛投敌军的消息后，沃里克伯爵自然气急败坏。不过，面对如此结局，他也无能为力。以他的实力根本无法抵抗这两支联合起来反对他的军队，所以他只能撤退，为敌军让出道路。爱德华四世率领这支势不可当的大军，加之两个弟弟充当左膀右臂，直接进驻了伦敦。

爱德华四世在首都受到了热烈欢迎。在当时的英格兰，无论是谁登上了权力巅峰，无论在首都，还是在乡野，都会得到人们的支持。上一章讲到，在爱德华四世逃亡期间，伊丽莎白·伍德维尔王后在避难时为他生下了儿子。当时坊间流传，自从自己的儿子诞生后，爱德华四世对财富、王权的渴望大大地增加。当然，爱德华四世胜利进入伦敦后，做的第一件事，就是赶往庇护所接回自己的妻子和刚出生的儿子，把他们带离困境。

此时，安茹的玛格丽特和威尔士亲王仍然待在欧洲大陆，而亨利六世在伦敦。毫无疑问，他又落入了爱德华四世之手，再次被送进伦敦塔囚禁了起来。

爱德华四世在伦敦只停留了一两天，便率领军队再次出发，追击沃里克伯爵去了。他把亨利六世从伦敦塔里放出来，作为囚犯押着一起出征。

沃里克伯爵一直在为战斗做着准备，所以现在实力强大了不少。两军在离伦敦不远的地方相遇了。兵戎相见之前，克拉伦斯公爵乔治本想找个机会调停。他自然不希望战争真的打起来，因为一旦战争爆发，不管结果怎样，对他来说，都是痛苦的——一边是他的兄长，另一边是他的岳父。他将不得不选择和其中一方站在一起，而与他抛弃、背叛的另一方为敌。所以他遣了一个信使去沃里克伯爵那里，提议由自己来当中间人，希望能够找到某种方法，解决双方的矛盾。但沃里克伯爵并不领情，反倒对他的提议报以蔑视与谩骂。

"去告诉你的主人，"沃里克伯爵对信使说，"克拉伦斯虚伪透顶又毫无诚信，我绝不会学他背信弃义。他倒是在这方面树立了一个很好的榜样啊！我可不像他，我忠于我发过的誓言，我和爱德华之间的矛盾只能通过武力来解决！"

就这样，双方唯有兵戎相见。不久后，双方在巴内特的一个平原上打了一场异常惨烈的恶战，战斗从4时一直打到10时。

在这场战斗中，理查表现得非常勇猛。他当时大约十八岁，这是他参加的第一场真正的战斗。他带着极大的热情在战场上冲锋陷阵，奋勇杀敌，他大无畏的精神受到所有人的赞赏。其间，他麾下的士兵都丧了命，但他毫发无损。

最终，爱德华四世取得了胜利。正如沃里克伯爵所说，他们之间的矛盾终于用武力解决了，并且正如他所料，战争的结局既残忍又无可挽回。战斗中，沃里克伯爵摔下马，然后被杀死了。双方死伤无数，许多带兵的贵族也都战死了。人们在平原上挖了一道沟渠，把士兵们的尸体掩埋在里面。后来，人们又在那里建了一座教堂，来纪念这里发生的一切。

据说，亨利六世被爱德华四世从伦敦塔中

沃里克伯爵在巴内特阵亡

带走，随大军上了战场。爱德华四世让他参加战斗，暗自希望不管是出于意外还是蓄意，他能在战斗中丧命。不过，爱德华四世的计划没有成功。因为亨利六世逃离了战场，并且毫发无损。于是，战争结束后，他又被带回伦敦，走过阴暗的街道，前往伦敦塔，接着被关了起来。他从大街上经过时，街边挤满了各色人等，大家都对这位可怜的君主跌宕起伏的一生议论纷纷。他的一生经历了大起大落，最终以悲剧收场。现在，他再次与世隔绝，在阴暗的地牢中过着孤独无望的幽禁生活。

听到爱德华四世入侵英格兰的消息后，就在巴内特战役爆发的那天，安茹的玛格丽特匆忙回到了英格兰。她带着儿子威尔士亲王在英格兰西南部的普利茅斯登陆。当获悉巴内特战役中，她的军队损失惨重和沃里克伯爵死亡的可怕消息时，她大惊失色，立即逃到离她上岸地点不远的一个修道院躲了起来。然而，她很快就从惊恐中恢复过来，准备行动。她和她儿子率领从法兰西带来的军队，一路招兵买马，慢慢向北行进，终于在英格兰西部的塞文

亨利六世走过通往伦敦塔的街道

河边找到一处有利地点驻扎了下来。这里靠近威尔士边境,不远处就是图克斯伯里镇。

收到安茹的玛格丽特开始行动的情报后,爱德华四世也集合了军队,与克拉伦斯公爵乔治和格洛斯特公爵理查一起,向她的所在地进军。在使沃里克伯爵丧命的巴内特战役约三周后,两军相遇了,在这次战斗中,英格兰所有贵族无论支持哪一方,都上阵了。

安茹的玛格丽特的儿子威尔士亲王现在已经十八岁了,他的母亲任命他为总指挥——名义上的军队首领。爱德华四世任命自己的弟弟——几乎与威尔士亲王同岁的理查为总指挥。接着,大战就在这两个男孩之间展开了。论血缘,两人其实是堂兄弟;论年龄,两人甚至都还未成年。

然而,实际指挥战斗的是更年长、作战经验更丰富的人。其中,安茹的玛格丽特一方的总指挥是萨默塞特公爵。爱德华四世的军队试着变换阵形,以便诱使安茹的玛格丽特的军队离开大本营。萨默塞特公爵想走出营地,吩咐士兵们跟着他。有些人照做了，但其他人仍然待在原地不动。留下来的人中，有一队人马由温洛克勋爵指挥。他没有跟随萨默塞特公爵一起行动，这令萨默塞特公爵非常气愤。他开始怀疑温洛克勋爵是想背叛安茹的玛格丽特，阵前倒戈。于是，他一怒之下，就转过头径直向温洛克勋爵走去，接着挥起战斧朝其头盔狠狠地劈了下去，温洛克勋爵当场毙命。

整个军队顿时陷入混乱。理查趁机指挥大军迅速杀入敌人的战壕，他所向披靡，接着大开杀戒。安茹的玛格丽特的军队方寸大乱，士兵纷纷四散溃逃，成千上万的人惨遭屠杀。那些侥幸活命的人纷纷向北方逃去，后面紧追着威武之师。

年轻的威尔士亲王沦为俘虏，但安茹的玛格丽特逃走了。她逃到图克斯伯里教堂躲了起来，暂时销声匿迹了。

至于威尔士亲王，人们相信，在那之后他的命运是这样的：战争结束后，他被缴了械，孤零零地被带到爱德华四世的营帐里。爱德华四世、克拉伦

图克斯伯里教堂

斯公爵乔治、格洛斯特公爵理查和其他一些人聚集在那里，以胜利者的姿态讥讽他的失败。爱德华四世走到他面前，用犀利、蔑视的眼光凝视了他片刻后，愤怒地质问他："你来英格兰干什么？"

"为了夺回我父亲的王位和应该属于我的东西。"威尔士亲王回答道。

爱德华四世怒不可遏，伸出带着金属护手①的手，一把捏住了他的下颌。

看到这个信号，格洛斯特公爵理查和其他站在旁边的人一哄而上，将这个既可怜又无助的男孩压倒在地，当场杀死了他。当时，威尔士亲王呼喊着克拉伦斯公爵乔治的名字，恳求姐夫救救他。但这是徒劳的，克拉伦斯公爵乔治并没有上前干涉。

如今，有些试图为理查辩护的人说，没有足够的证据证明这个故事是真实的。他们坚持认为，威尔士亲王是在战场上被杀死的，所以理查和他的死毫无关系。然而，以上的这些叙述似乎和这些人的

---

① 金属护手是一种铁手套，它的手指处有可以随意滑动的鳞片组成的关节，所以非常灵活。——原注

说法完全相悖。

正如之前所说，战斗结束后不久，安茹的玛格丽特及其随从在图克斯伯里的一座教堂及附近其他宗教场所避难，但不久就被发现。

于是，爱德华四世前往教堂，发誓要找到敌人，哪怕追到天涯海角。在一群无所畏惧的追随者的陪同下，他手拿宝剑闯入了神圣的庇护所。要不是修道院院长出来阻拦，安茹的玛格丽特这群在此避难的人早已死在他的剑下。院长穿着修士的长袍，手中拿着神圣的徽章，在暴怒的爱德华四世面前举起圣徽，提醒他这里是神圣不可侵犯之地。看到这一幕，爱德华四世才住手。在爱德华四世离开之前，院长要求他起誓，保证他不会再来骚扰这些避难的人。

然而，爱德华四世根本就没打算信守承诺。两天后，爱德华四世召集了军事法庭，并派理查和一支军队来到教堂，带走了所有在那里寻求庇护的人，并审判了他们。审判没有什么仪式，所有人当天就在图克斯伯里的一处草地上被处死。

不过，安茹的玛格丽特及其随从不在这群人当中，他们已经逃去了另一个地方避难。不幸的是，几天后，他们还是被找到，并被带到爱德华四世此时在考文垂的营帐中。自战斗结束后，爱德华四世就开始率军在全国巡视。

爱德华四世最初的想法是立即派人将安茹的玛格丽特带到伦敦，关进伦敦塔。但在付诸行动前，他改变了主意，决定亲自将安茹的玛格丽特押送回伦敦。于是，他带着安茹的玛格丽特这个阶下囚坐在他的马车上，一道返回。一到伦敦，她就立刻被关进了伦敦塔。

安茹的玛格丽特在塔里被严密关押，度过了五年漫长难熬的日子。之后，她被法兰西国王赎了出来并带去了欧洲大陆。她寂寂无闻地又生活了近十年，最后死在了那里。

至于她丈夫，在她死之前很久就去世了。前文提到，图克斯伯里战役后，爱德华四世突然改变主意，决定立即回伦敦。这是因为当时他得到消息，沃里克伯爵的一个控制英格兰东南部的贵族亲

安茹的玛格丽特被带到爱德华四世在考文垂的营帐中

信发动了叛乱，准备带兵攻打伦敦，把亨利六世从伦敦塔里救出，然后拥他复位。这次叛乱很快就遭到了镇压。爱德华四世随后凯旋，回到了伦敦。之后，一天晚上，爱德华四世和两个弟弟在伦敦塔里待了一夜，第二天早晨，亨利六世便被发现死在了床上。

从古至今，人们都认为是爱德华四世下令杀了亨利六世，并且深信是理查亲自动的手。

亨利六世的尸体当天就被装进一具棺材里，送到了伦敦圣保罗大教堂。他的尸体被放在那里示众了很长一段时间，四周有重兵和火炬手守卫。无数民众前来一睹他的遗容。将亨利六世的遗体示众，是为了让老百姓相信，他的死亡千真万确，从而堵住悠悠之口，防止日后兰开斯特家族的同党再散播亨利六世还活着的谣言。这种谣言往往具有很强的煽动性，极易引发暴乱，威胁爱德华四世的统治。

一段时间后，亨利六世的遗体被送到温莎埋葬，一尊佩戴各种武器和徽章的亨利六世塑像矗立

亨利六世之墓

在他的陵前。

　　为了防止兰开斯特家族东山再起，该家族的其他领袖都受到了处置。有些人被流放，还有些人终身被囚禁在城堡里。至此，一切尘埃落定，爱德华四世再次巩固了自己的统治，捍卫了自己的王位。

第 8 章　　CHAPTER VIII

理查的婚姻（1471年—1474年）

Richard's Marriage (A.D. 1471-1474)

一切风平浪静后,爱德华四世重新成了国王。此时,本书的主人公——格洛斯特公爵理查的地位已经非常显赫了,尽管他当时只有十九岁,还很年轻。自一出生,他就一直排在哥哥克拉伦斯公爵乔治后面。但克拉伦斯公爵乔治优柔寡断、立场不定,发生激烈矛盾时经常改变立场,于是,两个家族都对其失去了信心。而理查则一直是哥哥爱德华四世王业的坚定支持者,他们一同经历过挫折,并且在所有他参与的战斗中,他都给哥哥爱德华四世最可贵、最有效的帮助。爱德华四世取得的所有胜利与他的贡献密不可分。因此,爱德华四世和其朋友们都很信任理查,而对克拉伦斯公爵乔治有所怀疑。

对克拉伦斯公爵乔治而言,他的确有一个很好的借口来为自己摇摆不定的立场开脱,而这是理查没有的。因为他娶了沃里克伯爵的女儿,这使他和沃里克伯爵之间有了亲缘关系,所以受到沃里克伯爵巨大的影响。因此,无论沃里克伯爵决定做什么,对克拉伦斯公爵乔治来说,很难拒绝参加。最后，当沃里克伯爵让女儿安妮嫁给亨利六世的儿子威尔士亲王时，这就意味着，他加入了兰开斯特的阵营。克拉伦斯公爵乔治夹在力量强大又相互矛盾的两极之间——一边是手足情深及希望自己家族兴旺昌盛的自然天性，另一边是他对妻子的爱及岳父对他的影响。相比之下，理查不会面对这种两难的选择，因为没有什么能够引诱他背叛兄长，他对兄长一直忠心耿耿。

在爱德华四世争夺王位的斗争中，理查始终表现得十分英勇，行事高效。因此，作为一名士兵，他在整个王国中都声名卓著。因为他年纪轻轻，所以更显得他战功赫赫。人们认为一个还不到二十岁的少年居然拥有如此非凡的本领，并且在紧要关头能够表现得如此坚定、勇敢，这简直太了不起了。整个王国上下都对他赞不绝口。

爱德华四世登基后，便任命理查为英格兰海军总司令。当时这是个一人之下万人之上的要职。沃里克伯爵就曾担任过这个职位，他的大部分权力和影响力也源于此。海军总司令统率海军，并且只要法兰西方面的所有港口还控制在英格兰手中，就会同时管辖英吉利海峡两岸的主要港口。读到这里，读者也许还记得，他们的父亲去世时，理查还是个孩子。当时为了躲避仇敌的追杀，他母亲不得不把他和他哥哥乔治送往法兰西。正是在沃里克伯爵的协助下，她才能安排孩子们成功逃亡。沃里克伯爵当时任英格兰海军司令，并且控制着加来及加来和英格兰之间的海域，所以才能做到这一切。

尽管举国上下都在称赞理查作战时的英勇无比、能力非凡，但任何有机会接触到他的人都知道，他其实是一个品行恶劣的人。他铁石心肠，做事毫无原则，并且行事鲁莽。不过，这丝毫没有减损他在军队中的声望。人们常常会为那些在战斗中有杰出表现的人，送上鲜花和掌声，即便此人品行恶劣，也很少会对此人的声誉造成影响，况且民众通常不愿接受这样的现实。从人类社会的历史角度来看，军功事实上就是一些无所顾忌、冷酷无情的人为了某些人的利益而犯下的极大的罪恶。出于良知或道德的考虑，普通人可能无法做出屠戮等残忍之事。但他们早已准备好用数不尽的荣誉和奖赏来回馈那些足够残忍、无耻代替他们犯罪的人。人类的历史表明，一些人眼里的勇士，在另一些人眼里却是十恶不赦的大恶人。从古至今向来如此，鲜有例外。

之前提到过，当爱德华四世被逐出英格兰时，他的妻子也不得不出逃。在威斯敏斯特的庇护所，她为爱德华四世生下了儿子——小爱德华王子。这个孩子自然成为爱德华四世的继承人。他现在还不到一岁，为了让他日后能够毫无争议地继承王位，爱德华四世要求所有大臣和大贵族庄严起誓，一旦有一天他驾崩，他们会拥立王子为国王。以下是众人当时发的誓言：

> 我承认、接受和认可你，威尔士亲王、康沃尔公爵和切斯特伯爵、君主的长

子爱德华，作为英格兰和法兰西①的君主及爱尔兰的统治者。我们承诺，如果君主百年之后你仍在世，我们将会承认并接受你为真正的、合法的英格兰、法兰西及爱尔兰国王。我们在此真诚发誓：忠心护主，肝脑涂地，如违此誓言，上帝不恕！

理查与其他人一同庄严宣誓。至于他会如何信守诺言，且看我慢慢道来。

沃里克伯爵的二女儿安妮小姐曾经被许配给亨利六世的儿子威尔士亲王。如今，兰开斯特家族已经败落，爱德华四世重新登上了王位，只剩她一人无依无靠，处境非常可怜。她的父亲已经在战斗中死于敌人之手，她的未婚夫威尔士亲王也已经被残忍杀害，而她曾满怀希望地盼着有一天能够和他一起登上国王的宝座。唯一可能会关心她的人，就

---

① 英格兰国王爱德华三世认为自己拥有法兰西王国王位的继承权，并因此发动战争，史称"百年战争"。他的后世子孙继承了爱德华三世的权利，所以也自称"法兰西的君主"。——编者注

是威尔士亲王的母亲安茹的玛格丽特了，但安茹的玛格丽特现在被关在伦敦塔，成了一个可怜的囚犯。大势已去的她就算现在是自由的，估计也不会对安妮有任何关怀，因为她的儿子已经死了。事实上，她对安妮没有丝毫的偏爱，只是纯粹地出于政治考虑才非常勉强地同意了这门婚事。安妮的家族曾盛极一时，整个家族亲友众多，而现在这些人非死即伤或不知去向。有些人在战斗中丧了命，有些人被刽子手砍了头，还有一些人被流放他乡，剩下的人则失去了亲人、朋友，他们无家可归，带着恐惧和痛苦整日在英格兰四散逃窜，希望能找到一个藏身之地，远离爱德华四世的魔掌，不被他找上门来寻仇。

但有一个人是例外，她就是克拉伦斯公爵乔治的妻子伊莎贝拉。读者可能还记得，她是沃里克伯爵的长女，也就是安妮的姐姐。按理说，她和丈夫克拉伦斯公爵乔治可能会关心安妮的命运。事实上，克拉伦斯公爵乔治确实给予了安妮关注，但不幸的是，他的关注点是错误的。

沃里克伯爵曾经非常富有。除了拥有古老的沃里克城堡——英格兰最著名的封建领主时期的堡垒，他还拥有许多别的城堡、规模不可小觑的产业及遍布全国的各种各样的财富。沃里克伯爵死后，作为他的大女婿，克拉伦斯公爵乔治控制了大部分财产，并且希望能够一直这样下去。只要安妮一直像现在一样孤立无援，他的如意算盘就打成了。但他非常清楚，只要安妮嫁给约克家族任何一个稍有地位和影响力的人，那么她的丈夫肯定会来要求分割财产。现在，他怀疑自己的弟弟理查有意娶安妮为妻。于是，他开始想办法来阻止理查的计划。

事实上，理查的确有意想娶安妮为妻，原因似乎就是想要获得她父亲的一部分财产。

在安妮还是小孩子时，理查就与她相识了。事实上，理查的母亲与沃里克伯爵有着某种亲缘关系。他的母亲塞西莉·内维尔与沃里克伯爵都是内维尔这个大家族的后人。沃里克伯爵早年曾是塞西莉·内维尔的挚友。据说，当年理查和哥哥乔治被人从欧洲大陆带回英格兰后,也就是爱德华四世首次登上王位时,两人曾一度和沃里克伯爵的家人一起住在米德勒姆城堡。关于这一点并不是很确定,但不管怎样,可以肯定的是,在孩提时代,理查和安妮就非常熟悉了,并经常在一起玩耍。

这里有一份沃里克伯爵的家族在约克郡举行盛宴的记载。那是几年前,为了庆祝沃里克伯爵的弟弟乔治被任命为约克大主教而举办的庆祝宴会。理查当时也在场。尽管当时还只是一个孩子,但作为王室的王子,他自然被奉为上宾。人们为他和其他几位贵宾在宴会厅的一端搭起了一个高高的平台,称作"贵宾台"。贵宾台上方还搭有华贵的顶棚。贵宾们的席位设置在贵宾台上,其他客席则分散摆放在大厅下面的其他位置。理查坐在贵宾席的中心位置,他的一边坐着一位伯爵夫人,另一边则是一位公爵夫人。坐在他对面的是伊莎贝拉和安妮。安妮那个时候大约十二岁。

现在,有人说,当时伊莎贝拉和安妮之所以被安排在这张桌子上,完全是为了取悦理查。因为按理说，她们的母亲更有资格与理查同席，但她是坐在下面的一张大桌子旁。

种种迹象表明，理查似乎年少时就喜欢安妮，正如克拉伦斯公爵乔治很早就喜欢伊莎贝拉一样。事实上，古时的一位作家曾说过，很早以前，理查曾希望娶安妮为妻，但安妮不喜欢他。

无论如何，现在理查的兄长爱德华四世重登王位，而他则一人之下万人之上，地位显赫。于是，他决定娶安妮为妻。而克拉伦斯公爵乔治则认为，他不应该娶安妮。后来，克拉伦斯公爵乔治抓住了安妮，虚情假意地说要保护她，然后把她带到一个隐秘的地方关了起来。安妮没有反抗，因为她不希望理查找到她。她本就不喜欢理查的容貌，而他的性格更是让她厌恶。在她眼里，理查是一个粗鲁、狠心、无耻的家伙，这倒是和那个时代一些作家对他的描述不谋而合。另外还有一个特殊的原因也让她对理查避之不及，那就是，他是她父亲的死敌及传闻中谋杀她未婚夫的凶手。

克拉伦斯公爵乔治把她藏得非常好。此时，理查在不停地寻找她。为了躲避理查的追踪,她被迫经常变换藏身之地。可怜的安妮不得不冥思苦想各种办法,用最卑微的伪装隐藏自己,希望能够逃脱理查的魔掌。整日东躲西藏最终让她变得孑身一人,穷困潦倒。但这一切都是徒劳的。最后,理查还是在伦敦的一所房子里发现了她,当时她正伪装成一个仆人住在那里。他立即抓住她,并把她送到一个他控制之下的安全的地方。

不久,她先是被带离了那个地方,继而被送到约克,那里的大主教将暂时保护她。八年或十年前,正是在这个大主教的就任仪式上,她和理查曾经在华盖之下同席而坐。但她并没有在那里获得宁静。理查坚持要和她结婚,她则坚持拒绝。她仅剩的几个朋友也背叛了她,一个劲地催促她点头,但她始终不能接受这一切。

然而,理查的态度非常坚定,安妮终于屈服了。据说,她一直反抗,始终没有点头同意,连婚礼的仪式都是被逼着进行的。可以预见到,一旦某天情况发生了变化,她可以再次站出来反抗时,她

理查三世

安妮王后

一定会彻底否认这桩婚姻，宣布它完全无效，因为她始终没有点头同意。即便这样行不通，她也会申请离婚。

为了防备这种风险，理查命议会通过了一项法案，声明有一天即便安妮与他离婚，只要他竭尽所能与她和解，他就能够继续完全获得安妮的财产；或者无论何时，只要安妮点头同意，他都愿意与安妮重新举行婚礼——在这种情况下，他也可以继续拥有安妮的财产。

对理查来说，只要这桩婚姻赋予了他占有妻子财产的权利，他的目的就完全达到了。但关于财产如何分割这件事，理查和克拉伦斯公爵乔治之间又产生了一些分歧。在获悉理查要娶安妮之后，除了竭尽所能从中作梗，克拉伦斯公爵乔治还发誓说，就算理查与安妮结婚，他也绝不会"分割生计"，也就是与理查分享财产。

克拉伦斯公爵乔治的态度十分坚决，一定要占有所有财产。而理查也十分坚决地要拿到属于自己的那一份。两人的争执很快升级为严重的矛盾。

在这场纠纷中,宫廷里的贵族们纷纷选择支持其中一方。双方已经剑拔弩张,战争一触即发。最后,爱德华四世介入了此事。开会时,他召集两兄弟来到他面前,在弄清事情的来龙去脉后,他说,他会亲自就此事做出裁决。就这样,两兄弟站在爱德华四世面前,极力为自己争辩。听完他们的申诉,爱德华四世做出了决定。他分给了理查和安妮很大一笔财产,但没有理查要求的那么多。无奈之下,理查不得不服从爱德华四世的决定。

婚礼举行后,理查拿到了他那部分财产,而安妮似乎向命运屈服了,随理查一同去了英格兰北部的米德尔汉姆城堡。这座城堡曾经属于沃里克伯爵,如今归理查所有。然而,与妻子在那里待了没多久,他就又开始四处征战。安妮虽然大部分时间都是独自一人度过,但她很满足。因为对她来说,没有什么能比离开那个令她憎恶的丈夫更让她欣慰的了。

日子就这样波澜不惊地过着,结婚一年后,安妮生下了一个儿子。这个男孩也取名为爱德华。这个珍贵的小生命唤起了安妮心底对生命的热情，也在某种程度上，补偿了长久以来她经历的悲伤和痛苦。

事实上，在她心中，对这个婴儿的爱织出了一条纽带，把她和她丈夫连在了一起。对一个母亲来说，她很难长久地记恨孩子的父亲。

米德尔汉姆城堡

第 9 章　　CHAPTER IX

爱德华统治的终结（1475年—1483年）

End of the Reign of Edward (A.D. 1475-1483)

在这之后，爱德华四世又统治了英格兰大约八年时间。其间，理查一直身居高位，同时在民间享有很高的威望。如果把他当作一个普通人来看，他确实是一个不折不扣的坏蛋，并且每当国家或政府犯下恶行时，理查通常会被看作罪魁祸首。但尽管这样，他在民间的声望和形象还是非常好。这很大程度上归功于他的赫赫战功。此外，人们也非常欣赏他行事果断的风格。

凡是爱德华四世提出的计划，理查几乎都会全力支持、密切配合。但有时，在他认为这些计划事实上会妨碍而不是促进国家的利益和家族的壮大时，他也会公开站出来反对。至于克拉伦斯公爵乔治，已经没有任何人信任他了。他和爱德华四世表面上曾经一度关系融洽，但事实上已经貌合神离，早就没有了真情，彼此怀疑，互不信任。

大约在1475年，爱德华四世制订了一个宏伟的计划——入侵法兰西。他想从法兰西国王的手里夺回一些东西，因为爱德华四世声称，这些东西原先归他祖先所有。如同当时所有的战争及征服计划一样，计划一提出就得到了英格兰人的热烈拥护。人们立即开始为远征做大规模的准备工作。勃艮第公爵，读者可能还记得，就是爱德华四世的妹夫，答应参战协助英格兰。一切准备就绪后，英格兰军队起航了。英格兰士兵乘船渡过英吉利海峡，到达加来。爱德华四世作为总司令，在克拉伦斯公爵乔治和格洛斯特公爵理查的陪同下，亲率大军出征。起初，一切进展顺利，所有欧洲国家都饶有兴趣地在一旁观战。但在他们登陆后不久，大麻烦出现了。勃艮第公爵和爱德华四世就某事产生了争执，两人的分歧大大延误了战争计划的落实。军队缓慢地向法兰西边境开进，但两个月过去了，战事没有取得任何进展。

法兰西国王路易十一是一个非常精明狡猾的人。就在此时，他得出结论，比起与对方开战，收买敌人是更好的方法。于是，他不断派出使者和谈判代表潜入爱德华四世的营地，提出各种建议，以此拖延时间，目的是确保自己能够通过送礼和贿赂，收买这次远征军中所有重要的将领与谋士。他偷偷地给每个他认为能够对爱德华四世的想法产生影响的人，送上一大笔钱。他还提出，想与爱德华四世签订条约，并找出种种借口，总之是要送给爱德华四世一大笔钱。其中一大笔钱是为安茹的玛格丽特付的赎金，路易十一提出支付的赎金是五万克朗。

法兰西国王路易十一

除了承诺支付条约里约定的款项，路易十一还立刻献上许多价值连城的礼物。一天，正当谈判进行时，他用三百辆马车把全法兰西最好的葡萄酒送到了英格兰军营，作为送给爱德华四世的礼物。

一次，在战斗快开始前，爱德华四世派了一名传令官给路易十一送信。信中的语言充满挑衅和无礼。而路易十一不仅没有恨恨地把这当作侮辱，反倒非常礼貌地款待了传令官，并与他进行了长时间的友好交谈。最后在传令官临走时，还往他的钱包里塞了三百克朗，并承诺一旦两国实现和平，还会再送给他一千克朗作为报答。路易十一还送给他一块"三十厄尔①长"的深红色天鹅绒。当时，对这种军人出身的传令官来说，收到深红色天鹅绒这样的礼物，要远比收到金钱更让他高兴。

当然，这些馈赠使爱德华四世和他几乎所有的追随者们都欣喜异常，也使他们很愿意去聆听路易十一提出的任何建议。最后，在经过多场漫长的谈

---

① 厄尔是古代计量单位，一厄尔相当于现在的四十五英寸。——译者注

判后，两国达成了协议，路易十一提出，在协议最终执行时，他希望和爱德华四世进行一次会面。

爱德华四世有条件地同意了他的请求。这次会面的地点及当时做出的种种安排，成为爱德华四世统治时期最匪夷所思的一件事情。

爱德华四世似乎根本不相信路易十一会如此友好，害怕会发生任何背叛。因此，在事先没有做好万全的保卫措施前，他并不敢和路易十一见面。于是，双方商定，会面在一座桥上进行。路易十一和他的人从一头上桥，爱德华四世和他的人则从另一头上桥。为了防止任何一方抓住并带走对方的人，桥中央设置了结实的木制路障。根据安排，法兰西国王走到路障的一侧，英格兰国王走到另一侧，两人可以隔着路障相互握手、交谈。

这次特殊的国王会晤在一个叫皮基尼的镇子举行，签订的条约史称《皮基尼条约》。镇子位于索姆河畔，靠近亚眠，当时是一个非常靠近法兰西边境的地方。

会面的日期定在1475年8月29日。路障事先已设置妥当。它由结实的木棍做成，木棍互相交叉形成一个个格栅，就像以前用来关熊、狮子和其他野兽的笼子一样。木棍之间的空隙，只够让一个人的手臂通过。

路易十一先走到格栅边，当然，他是从法兰西那边走过来的。他身后跟着十到十二个随从，都是些有身份有地位的人。为了当天的会面，路易十一本人还特意穿上了盛装。他穿的礼服是用金丝织成的，上面有一个巨大的鸢尾——当时这是法兰西王权的象征。鸢尾上则缀满了华丽的宝石。

路易十一和随从到达路障边后，在友人的陪同下，爱德华四世走到了另一边。他们来到路障前，两位国王相互频频鞠躬并向对方致以问候。他们还通过格栅握手致意。路易十一非常礼貌谦恭地问候了爱德华四世。"陛下，"他说，"非常欢迎您的到来。在场的人没有谁比我更渴望见到您了，感谢上帝，我们在如此欢乐的气氛下会面了。"

在这些客套的开场问候和仪式结束后，随从

呈上了一本祈祷书，也就是那时所说的弥撒书，以及一个十字架。这些物品被放在格栅上方——两位国王都可以触摸到的地方。两位国王都将双手放在这两件物品上——一只手放在十字架上，另一只手放在弥撒书上——他们对着这些圣物庄严地宣誓：将诚实地遵守双方的约定。

正式的程序结束后，两位国王又愉快地交谈了一会儿。路易十一邀请爱德华四世来巴黎进行访问。当然，这是一个笑话，因为爱德华四世立刻会想到，去了巴黎就等于把自己送到路易十一的手掌心里，这就好比接受一只狮子的邀请去它的巢穴做客。双方的君主和随从都被这个玩笑逗乐了。路易十一向爱德华四世保证，巴黎有许多能给人带来快乐的姑娘，还有许多消遣方式。如果他去巴黎，将会玩得非常愉快。"这位是枢机主教，"路易十一边说边转向身旁的波旁枢机主教。他站在路易十一的随行人员中，看得出是一位地位很高的神职人员，同时是一个散漫的人。"在巴黎，你想犯任何错都可以，因为他保证，上帝会轻而易举地赦免你。"

爱德华四世和他朋友都被路易十一幽默的打趣逗笑了。接着，爱德华四世也妙语连珠地做了许多回答，还特别拿枢机主教开玩笑。他知道，这位主教"和女士们在一起时总是很开心，并且还是美酒的好朋友"。

双方相谈甚欢，聊天持续了很久。最后，两位国王再次隔着格栅握了手，然后各自离开。这次不同寻常的会晤就此结束。

这个在皮基尼桥上订立的条约里有几项非常重要的条款，列举如下：

一、路易十一为安茹的玛格丽特支付五万克朗的赎金，爱德华四世一回到英格兰，需立即将她从伦敦塔释放，并将她送至法兰西。

二、路易十一当场付给爱德华四世现金七万五千克朗，以后每年付五万克朗。

三、路易十一的儿子，法兰西王太

子，将与爱德华四世的长女伊丽莎白结婚。如果伊丽莎白意外去世，那么将改娶他的次女玛丽。鉴于王子与公主目前尚未成年，所以婚礼延迟举行；但双方郑重约定，一旦王子和公主达到适婚年龄，则立即举行婚礼。无论当约定执行之日到来时遇到怎样的困难，双方都应严格遵守这一约定。

四、最后一条，两国国王约定休战七年。其间，禁止两国之间发起任何敌对行动，同时允许两国之间进行自由贸易往来。

签订条约时，克拉伦斯公爵乔治和爱德华四世在一起，其他大臣一致表示赞成，但理查没有任何表示。他非常希望双方继续开战。让他感到愤怒的是，他的兄长竟然被礼物和赔款收买，受到花言巧语的哄骗，最后答应与法兰西王国和平相处。在他看来，这是非常可耻的。他没有公开表达不满，但拒绝出席桥上的会面。和平条约签订后，爱德华四世和军队一起打道回府。理查也随众人一起返回，但一路上闷闷不乐。

英格兰人民也很不高兴。读者可能已经注意到了，条约之所以能够签订，是因为路易十一向爱德华四世及其身边的重臣赠送了大量供他们私用的礼物和金钱，而爱德华四世做出的让步并不会给国家带来任何好处或给百姓带来任何福利。因此，人们都认为，爱德华四世及其大臣们是在明目张胆地集体接受贿赂，为了换取一己私利牺牲了整个王国的荣誉。正因为如此，人们才非常气愤。

与法兰西王国休战后，爱德华四世在位期间发生的第二件大事就是他与克拉伦斯公爵乔治之间再度爆发了争执，并最终导致了可怕的危机。这件事的起因，是爱德华四世剥夺了克拉伦斯公爵乔治的一部分财产。从法兰西回来后，国库吃紧，爱德华四世陷入了巨大的财政危机中。当初，他花了大笔钱在为远征做的准备上，因此欠下巨额债务。但议会和英格兰人民不愿为此买单，因为他们对他做出与法兰西王国休战的决定非常不满。

尽管从路易十一那里得到了不少贿赂,但爱德华四世还是急需钱。最后,他命令议会通过了一项法律,宣布重新收回所有已经分给他们三兄弟的王室遗产,并归国王所有。这可气坏了克拉伦斯公爵乔治。的确,他从妻子那里继承了沃里克伯爵的财产后,已经变得非常富有,但这并不意味着他心甘情愿地被兄长"打劫"。因此,他公开表达了对这个法令的不满。这件事也让两人进一步交恶,导致他们在很多场合相互指责、埋怨。最后,克拉伦斯公爵乔治再也忍受不了爱德华四世的独断专行,和妻子伊莎贝拉一起离开了伦敦,搬到图克斯伯里附近的一座城堡,在那里愤懑不平地隐居了起来。当时,兄弟两人及支持他们的两派之间已经积怨深重,致使每个参与这场斗争的人惶惶不可终日,生怕被对方投毒、诅咒或施巫术加害。

那个时候,每个人都十分相信巫术。当时有一种令人谈之色变的巫术。据说,某些人有一种能力,能够通过诅咒某个人,从而暗中杀死他:他们先用蜡和其他类似的材料制作一个被害者的人像，这个人像就代表着遭到巫术和咒语毁灭的那个人。然后，日复一日，这个人像会被一点点地慢慢熔掉。当人像熔化时，那个毫不知情的受害者就会渐渐变得憔悴。最后，当人像彻底化完，这个人就会死掉。

在克拉伦斯公爵乔治离开宫廷去图克斯伯里不久后，他的妻子伊莎贝拉生下了第二个儿子。这个孩子取名为理查，史称"克拉伦斯的理查"。孩子出生后，伊莎贝拉的身体再也没能完全恢复，精力也大不如前。她变得日渐憔悴，身体每况愈下，在生产完两三个月后就去世了。

克拉伦斯公爵乔治认定妻子不是自然死亡。他相信，一定是某人下毒或用巫术要了她的命，如同之前的描述提到的那样。他公开指控王后是背后主使，暗地里雇用巫师或杀手做了这一切。过了一段时间后，他确信一个叫安卡拉特·图恩胡的女人，正是王后雇的杀人凶手。于是，克拉伦斯公爵乔治瞅准机会，有一天，当这个女人独自在家、四下无人保护时，他派了一队带着武器的人，偷偷来到她的住所，然后破门而入，带走了她，最后把她带到了沃里克城堡。在那里，克拉伦斯公爵乔治对她进行了所谓的审判。她被判处死刑，并立即执行。他指控她在公爵夫人伊莎贝拉的一杯麦芽酒里下了毒。对这个女人的审判过程如此简单，以至于这个可怜的女人在来到城堡三个小时后，就死在了里面。

当然，这件事使爱德华四世和王后震怒，从此，他们更仇视克拉伦斯公爵乔治了。

之后不久，爱德华四世和克拉伦斯公爵乔治的妹夫，在许多战争中作为爱德华四世盟友的勃艮第公爵在战斗中被杀死了。他留下一个女儿玛丽，但因为是前任妻子所生，所以约克的玛格丽特是她的继母。因为勃艮第公爵生前拥有巨大的产业，所以在他死后，玛丽就成了一个富有的继承人。此时，克拉伦斯公爵乔治的妻子已经去世，所以他便在心里盘算着想娶玛丽做第二任妻子，并立即开始为此事积极运作起来。约克的玛格丽特赞成这个计划,但爱德华四世和王后伊丽莎白·伍德维尔一听说这个消息,就开始费尽心思地从中作梗,意图破坏这个计划。

他们之所以反对这场婚姻,一方面是出于对克拉伦斯公爵乔治的仇视,另一方面是因为他们已经对玛丽的婚姻有了安排。王后想把这位年轻的女继承人许配给自己的一个弟弟。爱德华四世则另有打算,他准备让玛丽嫁给马克西米利安。最终,爱德华四世的计划成功了,而克拉伦斯公爵乔治则未能如愿。而在他发现与这个能给他带来无数财富和极大势力的新娘失之交臂,居然是由于爱德华四世从中作梗,并且竟然还把她送给了令他讨厌的对手马克西米利安时,克拉伦斯公爵乔治暴跳如雷。他用最恶毒的语言咒骂爱德华四世来发泄满腔的怨恨和愤怒。

就在这时,爱德华四世的一个贵族朋友去世了。爱德华四世指控,是一个为克拉伦斯公爵乔治效力的神父用巫术害死了他。这个神父被逮捕并遭到严刑拷打,最终不得不承认了自己的罪行并供出了同谋。神父坦白交待，有一个叫伯德特的人是他的共犯，这个伯德特是克拉伦斯公爵乔治的家臣，此人平日里同克拉伦斯公爵乔治关系亲密，深得其信任。

于是，这份口供被作为定罪证明，神父和伯德特被立即处以死刑。

此时，克拉伦斯公爵乔治已经气急败坏。他再也不能控制自己，径直闯入爱德华四世的会议室，在那里当着众多贵族的面，用最恶毒、最愤怒的语言对国王破口大骂。他指责爱德华四世不仅处事不公，还心狠手辣，他声色俱厉地把爱德华四世和其同僚连带所有在场的人骂了个狗血喷头。

当时，爱德华四世并不在场。得知克拉伦斯公爵乔治的所作所为后，他说克拉伦斯公爵乔治违背了国家法律，对政府产生了恶劣的影响。他下令，立即逮捕克拉伦斯公爵乔治并将其关进伦敦塔。

过了不久，爱德华四世召集议会，把自己的弟弟从伦敦塔的监狱里带到了众人面前。爱德华四世在上议院法庭以最严重的罪行指控了他，并依照自己的意愿给他扣上了许多罪名。克拉伦斯公爵乔治被指控密谋叛国、阴谋废黜国王、剥夺国王后代的继承权、妄图自己称王并蓄意诽谤国王，企图通过贿赂、捏造事实来引诱其臣民不再效忠国王。他还被指控加入兰开斯特党派，承诺帮助兰开斯特家族夺回被没收的产业；而作为交换，兰开斯特党派会帮助他篡夺王位。最后，他更被指控秘密组织武装力量，意图伺机发动政变。

克拉伦斯公爵乔治言辞激烈地否认了所有指控。爱德华四世则坚持这些指控证据确凿，并唤来许多证人作证。当然，无论这些指控是真是假，要找到足够多的证人来提供所需的证词，对他来说，简直易如反掌。贵族们严肃地听取了双方的指控和辩护。事实上，所有英格兰人似乎都在袖手旁观，静静地看着这场可怕的兄弟纷争竟发展到如此地步，都震惊得哑口无言。错愕之时，众人早已预料到悲惨的结局，这是注定会发生的。

无论议会议员们认为这些指控是真是假，对

他们来说，为了自己的安全着想，现在只有谨慎地投赞成票一个选择。结果克拉伦斯公爵乔治被判处死刑。

很快，死刑判决投票通过了，克拉伦斯公爵乔治再次被关进伦敦塔。

尽管亲自判处了克拉伦斯公爵乔治死刑，但爱德华四世似乎有意避开了他的行刑。克拉伦斯公爵乔治的死刑并没有公开执行。但一段时间后，有消息传出，说他已经死在了监狱里。人们认为，杀手受雇偷偷进入了关押他的房间，杀死了他。尽管没有确凿的证据证明，但大家都相信，应该是理查安排了这一切①。

克拉伦斯公爵乔治死后，爱德华四世心头的怒火渐渐地平息了。他慢慢地冷静下来，开始为他做的事感到自责与懊悔。于是，他试图通过饮酒作乐来掩盖自己的痛苦。他开始不理政务，也不再关

---

① 当时，坊间流传着一个关于克拉伦斯公爵乔治之死的离奇传闻，说他是被他的兄弟们溺死在了一大桶马姆齐白葡萄酒里。但没有任何证据能证明这个传闻是真的。——原注

克拉伦斯公爵乔治之死

心妻子与家庭，每天不是花大把的时间与侍女寻欢作乐，就是与纨绔子弟花天酒地。在玩乐中，他挥霍无度，愚蠢地把自己继承的遗产和财富消耗殆尽。除了沉湎酒色，他还有其他多种娱乐方式。他曾举行过有许多侍女参加的狩猎聚会。在狩猎场上，他用艳丽的丝绸为这些侍女搭建帐篷。他曾在华丽的服饰上花费了大把金钱，他认为自己很有魅力，并且因周围女性对他的爱慕而深感得意。

在他众多的女性爱人中，最引人注目的当属著名的简·肖尔。她丈夫是一位受人尊敬的伦敦公民。爱德华四世引诱她离开她丈夫，并诱惑她进入宫廷和他住在一起。下面的这幅版画取自一幅古代

简·肖尔

肖像，准确地描绘了她的容貌和好的着装。我们会在下文讲到更多关于她的故事。

就这样过了大约两年，战争在苏格兰边境爆发了。爱德华四世沉溺于享乐，现在根本无法亲自率军出征，便派理查代他前去。理查非常高兴哥哥能留在家里，在酒色与女人中消磨意志及在整个王国的影响力。而理查则统率千军，驰骋沙场，赢得爱德华四世正在失去的民心。

这场战争一打就是好几年。苏格兰国王有个弟弟——奥尔巴尼公爵，他妄图篡位。这正是爱德华四世指控弟弟克拉伦斯公爵乔治犯下的罪行，也正是其丧命的原因。但奇怪的是，这次爱德华四世居然站出来支持苏格兰的这个"克拉伦斯公爵乔治"，为他推翻哥哥并登上王位而做了详细周密的计划。

正当理查采取各种手段来执行这些计划，并且处心积虑地为自己打算时，爱德华四世突然驾崩。这使理查的所有计划和希望都泡汤了。放荡的生活搞垮了爱德华四世的身体，他最终病倒了，并且病得很严重。在他生病时，又发生了一件使他心烦意乱的事。

读者们大概会记得，爱德华四世与法兰西国王路易十一在皮基尼桥上签订条约时，为路易十一的长子——法兰西王太子与爱德华四世的女儿订立了婚约。双方约定，只要孩子们成年，到了适婚年龄，就为他们举行婚礼。路易十一当时对着祈祷书和十字架庄严起誓，绝不会违背诺言。

但如今几年过去了，情况发生了很大的变化，路易十一不愿意再遵守这个承诺。爱德华四世的盟友勃艮第公爵已经死了，他的女儿玛丽，曾让克拉伦斯公爵乔治大失所望的那个女孩，成了玛丽女公爵。她嫁给了马克西米利安，并继承了父亲的领地和财富。这些领地与法兰西相邻，法兰西国王觊觎它们已久，早想将它们收入囊中。但此前因为惧怕爱德华四世，他才在第一时间殷勤地提出与英格兰王国联姻的请求。而如今，因为爱德华四世整日寻欢作乐，身体已非常虚弱，早已不会对法兰西王国构成威胁，所以路易十一想抛开英格兰，转而与勃艮第结盟。

玛丽有三个还年幼的孩子，最大的菲利普也只有三岁。

就在这时，一件意外之事发生了。玛丽与几个朋友带着猎鹰去附近的布鲁日行猎。他们一边放出猎鹰去捕捉苍鹭，一边骑马在后边追赶。玛丽的马一跃而起时，固定马鞍的肚带突然绷断。玛丽随即被甩下马，整个人撞到了树干上。她被救起后，立即被送到附近的一所房子里。但因为伤势过重，她很快就死了。

当然，这样一来，她的头衔和财产便会传给她的孩子们。她的第二个孩子是一个女孩，叫玛格丽特，大约两岁。路易十一立即决定废除王太子与爱德华四世之女的婚约，让他与这个小玛格丽特联姻。虽然在运作过程中遇到了很大的困难和延误，但最后他终于促成了这件事。当谈判正在进行时，爱德华四世就察觉到有些不对劲，但随后路易十一向他保证什么事都没有发生，并编造出各种虚假的故事和借口来安抚他。

最后，一切已成定局后，路易十一的新计划才公之于众。为了庆祝，巴黎还举行了盛大的游行和欢庆活动。收到消息的爱德华四世恼羞成怒，但无可奈何。他躺在病榻上辗转反侧，一面不停地咒骂路易十一的不忠和背叛，一面又哀叹自己重病缠身，无法做任何事去报复路易十一对他的侮辱。

爱德华四世又气又恼，整日心神不宁，这无形中加速了他的死亡。当发现自己时日无多时，他就开始为自己曾犯下的罪恶忏悔了，这又使他生出一种新的担心、焦虑。他开始重新审视他主导的那些不公的暴力的事件，曾经做的恶在他的脑海里变得愈加清晰。他惊恐地预感到上帝已经愤怒，并即将审判他，莫名的惊恐之感如影随行。在悲痛中，他试图弥补自己曾经犯下的最严重的罪，但已经太晚了。在痛苦和悲伤中挣扎了一两个星期后，他驾崩了。

第 10 章　*CHAPTER X*

理查与爱德华五世（1483年）

Richard and Edward V (*A.D. 1483*)

爱德华四世驾崩的消息很快传遍了英格兰。消息所到之处，人们都非常焦虑，没有人知道接下来会发生什么事。爱德华四世留下两个儿子。长子威尔士亲王爱德华，当时大约十三岁；幼子理查，当时大约十一岁。当然，威尔士亲王爱德华此时是王位的合法继承人，排在他之后的是他弟弟及他们的叔叔格洛斯特公爵理查。但众所周知，格洛斯特公爵理查是一个胆大包天、厚颜无耻的人，所以大家都怀疑他是否会承认年幼侄子的继承权，抑或立刻篡位。

此时，格洛斯特公爵理查正在英格兰北部率军作战。由于他手握重兵，人们越发担心他会谋反。其中，最担心的人是两个王子的母亲，刚刚丧夫的伊丽莎白·伍德维尔王后，她非常惊慌。孩子们年龄还小，既不能完全意识到他们面临的危险，也不能协助母亲自救。她能依靠的人只有她弟弟里弗斯伯爵。她的大儿子爱德华正由里弗斯伯爵照顾，舅甥两人一同居住在勒德洛城堡；伊丽莎白·伍德维尔王后则带着幼子住在伦敦。

爱德华四世驾崩后，宫廷立即召开会议，仔细商讨善后事宜。议会颁布法令，威尔士亲王爱德华将继承王位，加冕日期定于5月4日。人们立即为里弗斯伯爵送去消息，让他即刻带小王子赶到伦敦，以便加冕仪式能够按期举行。伊丽莎白·伍德维尔王后参加了这次会议。她希望议会能够下令，让她弟弟带着所有人马一起前来，这样就能在途中保护王子了。

现在，大臣们与贵族之间出现了很大的分歧。王后与其家族的亲信组成一个阵营，英格兰其他贵族则组成另一个阵营。他们彼此憎恶、仇恨。英格兰贵族们从未对爱德华四世的婚姻感到满意，他们非常嫉妒王后的家人和亲信的势力。爱德华四世在世时，这种不满在某种程度上一直受到压制，即使在弥留之际，爱德华四世仍然拼尽全力想让双方握手言和。他曾把斗争双方的贵族首领召集在一起，费力地走到他们中间，力劝他们忘记分歧，彼此和睦相处。他的努力当时似乎起到了效果，双方都同意讲和，并郑重发誓，今后将和平相

寻求和解

处。但现在爱德华四世驾崩了,矛盾再度爆发。其他贵族非常嫉妒并怀疑伊丽莎白·伍德维尔的每一个提议,特别是一些有关她的家族继续掌权或扩大影响力的建议。因此,当她在会议中提出,要召回里弗斯伯爵,并要求他派兵护送年轻的威尔士亲王爱德华来伦敦时,众人都表示反对。

"派兵是为了对付谁?"一位议员这样问道,"是为了保护年轻的王子吗?谁是他的敌人?他没有任何敌人,派兵前来的真正动机不是为了保护王子,而是想要保持并继续壮大伍德维尔家族的势力。"

这位议员指责王后,她的建议及企图壮大家族势力的野心违反了他们在已故国王弥留之际立下的誓言。因此,议会拒绝授权里弗斯伯爵派兵护送王子。王后失望地流下了眼泪,尽管又气又恼,但她不得不放弃这个计划。至少从表面上看,她是放弃了。但她还是设法私下暗示了里弗斯伯爵,所以当里弗斯伯爵带着年轻的王子离开城堡时,身后还是跟着一大队人马。有人称他带了大约两千人一同前往伦敦。

与此同时，接到爱德华四世的死讯后，格洛斯特公爵理查立即交代好手头的事情，准备动身赶往伦敦。他命令自己的军队为国王哀悼，并给王后寄去了一封非常尊敬、感人的吊唁信。在信中，格洛斯特公爵理查郑重宣布，自己将效忠她的儿子威尔士亲王爱德华，承认他为合法的王位继承人，并承诺会对他尽忠。

看到这封信，伊丽莎白·伍德维尔王后终于松了一口气。一开始，她不认为格洛斯特公爵理查会支持她和她的家族，并帮助他们一起对抗敌人。

在到达约克时，格洛斯特公爵理查在六百名身着重孝的骑士的陪同下，举行了一个庄严的入城仪式。他骑行在葬礼队伍的最前方，向着教堂行进，爱德华四世盛大的葬礼将在那里举行。他在公众面前表现出的痛失兄长的悲恸之情是那么真实，让人们印象深刻。

在约克短暂停留后，格洛斯特公爵理查继续率军南下，以便追上威尔士亲王爱德华和里弗斯伯爵的队伍。

就在威尔士亲王爱德华、里弗斯伯爵与护送的军队到达斯托尼斯特拉福镇时,格洛斯特公爵理查到了北安普敦镇,两地相隔只有几英里远。听说格洛斯特公爵理查就在附近,里弗斯伯爵便带着格雷勋爵和几名侍从骑马折回北安普敦,代表年轻的国王问候他。因为他们认为,此时威尔士亲王爱德华在父亲死后,已成为英格兰国王爱德华五世。

格洛斯特公爵理查十分友好地招待了来客。他邀请他们共进晚餐,盛情款待了宾客和他邀请前来作陪的朋友们。他们把酒言欢,转眼天色已晚,在这种情况下,里弗斯伯爵和格雷勋爵无法赶回斯托尼斯特拉福镇了。于是,格洛斯特公爵理查让他们住在北安普敦。他在镇上为他们安排了住处,并秘密地派一队人马看守,以防他们逃跑。第二天清晨,两人醒来后惊讶地发现,他们似乎被卫兵软禁了,接着看到镇上所有街道布满了军队。他们怀疑有人叛变,但认为草率地说出自己的怀疑似乎不太谨慎。当清晨再次见到他们时,格洛斯特公爵理查仍然和之前一样友好，并提出要陪他们一起回斯托尼斯特拉福，因为他也想去看望新国王。里弗斯伯爵答应了他的请求，随后他们便一同出发。

和格洛斯特公爵理查一同前往的是他一位朋友和支持者白金汉公爵。这位公爵曾经是宫廷中王后家族反对派的代表之一。他们二人同里弗斯伯爵和格雷勋爵一起，骑着马，一路说笑着向斯特拉福前进。格洛斯特公爵理查命令自己的军队紧紧地跟在他们后面。他们就这样一路走着，最后到了接近镇子的地方。

这时，格洛斯特公爵理查突然撕掉了伪装。他指责里弗斯伯爵和格雷勋爵蛊惑了国王，对国王产生了邪恶的影响，说他有义务让国王不受他们的控制。

接着，格洛斯特公爵理查发出信号，全副武装的士兵走上前来逮捕了这两个贵族。此后，格洛斯特公爵理查、白金汉公爵和他们的随从便快马加鞭地向城内进发。那些留下来和年轻的爱德华五世在一起的人似乎得到了什么消息，因为当格洛斯特公

爱德华五世

爵理查和其人马抵达时，他们正在逃跑。马鞍已经备好了，年轻的国王正要上马。

到达后，格洛斯特公爵理查立即接过指挥权。他没有对自己的侄子行礼，似乎根本没有将其当作国王。他只是告诉国王，现在他的安全由他负责。

"所有和你相关的人，"格洛斯特公爵理查说，"都在密谋杀害你，但我会保护你。"

然后，他下令将爱德华五世身边几位管事的随从抓起来，其余随从则被遣散。而里弗斯伯爵率领的大队人马则下落不明。他们是遵照格洛斯特公爵理查的命令被遣散，还是背叛了里弗斯伯爵加入了格洛斯特公爵理查的队伍，这一切都不得而知。无论如何，格洛斯特公爵理查没有遇到任何反抗。里弗斯伯爵、格雷勋爵和其他人先是被监禁，接着被当作囚犯送往北方，爱德华五世则被格洛斯特公爵理查带回了北安普敦。

爱德华五世几乎不知道发生了什么事。他非常害怕。在看到所有朋友、服侍他很久的随从及很多与他关系密切的人都被抓起来或被驱逐,而他身边全换上了陌生人时,他吓得哭了起来。尽管是国王,是统治数百万人的君主,但在他叔叔面前,他是那么的无助。他不得不任由叔叔摆布,被迫接受叔叔为他做出的各种安排。

将这些事情处理完毕后,格洛斯特公爵理查已经把权力牢牢掌握在自己手中。他对年轻的国王解释了他这样做的原因。他说,里弗斯伯爵和格雷勋爵及他们的同伙"曾密谋控制国王和整个国家,挑起地方之间的矛盾,并企图破坏王室高贵的血统",是他及时地从他们的圈套中救出了爱德华五世。他还告诉爱德华五世,他母亲与前夫生的儿子,也就是他那曾担任过伦敦塔总管的同母异父的哥哥多塞特勋爵,从城堡中拿走了许多国王的珍宝,并把其中的大部分经海路运出了英格兰。

听到这些话,爱德华五世目瞪口呆,一时不知道该说什么。最后他说,他从未听说母亲家族的成员怀有这样的图谋。他不相信这些指控是真的。但格洛斯特公爵理查保证自己所说的千真万确,因为"他的亲戚们有意隐瞒他们的勾当"。无论对这个回答是否满意,爱德华五世都只能沉默。此时反抗是徒劳的,所以他不得不屈服。在叔叔的监视下,他被送到了北安普敦。

第 11 章　*CHAPTER XI*

寻求庇护（1483年）

Taking Sanctuary (A.D. 1483)

国王在来伦敦的途中被格洛斯特公爵理查抓住的消息传到伦敦后，全城出现了骚动。伊丽莎白·伍德维尔王后更是惊恐万分。此时已是午夜时分，她正在威斯敏斯特的宫殿。忧心忡忡的她立即起身，准备带着自己的幼子约克公爵逃往庇护所。她周围的所有朋友听到消息后都急忙起身，赶来帮忙。整个宫殿很快陷入混乱。每个人都在忙着将衣物和其他必需品打包装箱，收拾金银细软和各种贵重物品，然后将它们一一转移到安全的地方。在一片忙乱中，王后一人瘫坐在地毯上，衣冠不整，长发凌乱，愁眉泪眼，陷入了绝望。

爱德华四世在世时有一位挚友，即贵族黑斯廷斯勋爵。爱德华四世驾崩后，他和王后一直保持着非常亲密友好的关系。然而，他先前在议会上反对派兵护送年轻的国王到伦敦，所以得罪了王后。清晨快到了，王后还在惊慌失措地为逃跑做准备，这时她收到黑斯廷斯勋爵带给她的一个令人振奋的好消息，并请她切勿惊慌。捎来口信的是一位大主教，大主教也是掌玺大臣，任何皇家法令必须

威斯敏斯特

加盖国玺才能生效。大主教专门前来把国玺交给王后，同时带来了黑斯廷斯勋爵的口信。

"啊，真倒霉！"当大主教告诉她黑斯廷斯勋爵叫她不要害怕时，王后哀叹道，"是他害得我如此痛苦！他想要毁掉我和我的骨肉！"

"夫人，"大主教说，"请别担心。我向您保证，现在您的长子在他们手上，如果他们拥立除他之外的任何人做国王，我们也会在第二天拥立他的弟弟，也就是和您在一起的幼子为国王。这是国玺，当初您高贵的丈夫把它交给了我，现在我把它交给您，供您儿子之用。"说着，大主教把国玺交到了王后的手里，随后便离开了。此时天还未亮。

大主教的话并没有让王后感到太多宽慰。事实上，她最担心的并不是孩子们或长子能不能继承王位，而是担心她儿子即位后，她和自己母家的势力会不会受到影响。丈夫在世时，她曾费尽心思地把几乎所有重要政府部门及其相关职位的任免权都把持在自己和伍德维尔家族的人的手里。读者应该还记得，当时这引发了多大的矛盾，宫廷内部还因此形成一个强大的阵营来反对王后和外戚。

现在，她丈夫死了，格洛斯特公爵理查从她亲信那里抢走了年轻的国王，并把她的亲信当作囚犯流放到北方。但她担心的并不是格洛斯特公爵理查会对年轻的国王不利，而是她与整个伍德维尔家族的荣华富贵会因此不保。她猜想，格洛斯特公爵理查现在肯定会把权力交到其他家族手中，并将她的家人流放，他甚至可能控告她，审判她，惩罚她实行弊政或给她安上其他政治罪名。这些才是她真正害怕的，她对此的担心，远甚于对任何人反抗爱德华五世统治的担心。这也是她如此匆忙逃亡去寻求庇护的原因。

然而，人们并不确定格洛斯特公爵理查接下来要干什么。对年轻的国王，他的随从毕恭毕敬。抓住国王后，他立即派了一名使者到伦敦，解释了他这样做的意图和动机，并斩钉截铁地说，他的唯一的目的是不让国王落入伍德维尔家族手中，绝不是反对国王即位。

"没有任何理由，"他在信中说，"并且无论如何也不能让我们年轻的国王，同时是我们的君主和亲人被他母家的外戚控制，也绝不允许他们将他藏起来，远离我们的陪伴和侍奉。无论这些阴谋哪个得逞，都是国王陛下和我们作为臣子的奇耻大辱。"

因此，格洛斯特公爵理查谎称自己抓住国王是为了阻止国家大权落入外戚手中。随后，他果断地处置了伍德维尔家族的主要成员，这让许多人怀疑，他其实是在暗中策划更大的阴谋。

我们前面说过，在国王被抓时，他身边所有人都成了阶下囚，并被送到北方的一座城堡关押。为了防止那些当时在伦敦或在伦敦附近的人逃跑，格洛斯特公爵理查立即从北安普敦派出人马逮捕了他们，接着派兵把守，防止任何人逃跑。当前去看望王后的大主教从王宫出来，准备离开时，大主教透过窗户，在蒙蒙的天色下看到几艘船停在泰晤士河上，好像在准备拦截任何从伦敦塔里出来意欲从河上逃跑的船。因为当时王后家族的好几个重要成员都住在塔里。

然而，当事情发生时，王后本人正在威斯敏斯特宫。因此，她跑出去不远，就躲到了大教堂里。

威斯敏斯特被围墙圈出的神圣区域非常大，任何人不得从这里将囚犯带走。这片区域不仅包括威斯敏斯特大教堂，还包括教堂的花园、墓地、修道院院长的住所、修道院及围墙内其他各种建筑物和庭院。

一踏进这里，王后立刻瘫倒在大厅的地板上。她孤身急出逃，无处话凄凉。当时正是5月，大厅中巨大的壁炉里塞满树枝和花草，而地板上，按照当时的习俗，则撒满绿色的灯芯草。一时之间，王后太过悲伤，几乎没有意识到此刻身在何方。但很快，她就想起，为了自己和家人，她要在新住所安顿下来，所以立即从失望中振作起来。她身边带着好几个孩子。两个漂亮的女儿伊丽莎白和塞西莉，她们一个十七岁，另一个十五岁。还有幼子约克公爵理查及几个年龄更小的孩子。最小的是布里吉特，当时只有三岁。后来，长女伊丽莎白成了王后，而小布里吉特则当了修女。

当时一位作家曾详细描述过王后和家人在这里避难时住的房间。塞满花草树木的壁炉位于大厅中央，屋顶上方有一个用来排烟的开口，也就是通风口。这个壁炉今天仍在大厅里，屋顶上的通风口也在。大厅的尽头是装饰着橡木制成的格子花纹的镶板，下面将会讲到它的功用。有的镶板做成了门，门后是盘旋而上的楼梯，楼梯通向一个个神秘的小房间。这些房间建在墙壁和塔身之间的空间中，位于拱门之下，有些供私人使用，有些用作储藏室、厨房或洗衣房……房间的尽头则是修道院院长的私人起居室和书房。从院长房间的窗户向外俯瞰，能看到一个漂亮的花园，花园有一条由回廊延伸出去的小径。小径直通大厅门上的格栅窗。通过格栅窗，院长可以随时看到下面大厅内部的情况，观察修士们的一举一动，而不用担心被别人看到。

除了这些房间，这里还有一些被称为"议会厅"的大房间，它们主要用来举行一些大型的公开活动。这些房间更大、更豪华，也更富丽堂皇。房间里雕梁画栋，装饰着彩色玻璃窗和其他各种饰品。其中有一个叫"耶路撒冷厅"的特别房间，它是修道院院长的会客厅。里面有个装着彩色玻璃的哥特式大窗户，墙上挂满花样奇特的挂毯。房间里的窗户、挂毯和其他所有装饰品至今仍保存完好。

王后和家人是5月3日夜里到这里"避难"的。第二天，也就是5月4日，是议会确定的国王加冕日。但在控制国王后，格洛斯特公爵理查并没有马上回到伦敦，所以国王无法在定好的日子加冕了。

然而，我们并不能肯定格洛斯特公爵理查那时是否真的有意篡位。因为一进入伦敦，他便立即组织了一个盛大的游行队伍，人们如众星捧月般向年轻的国王致敬。格洛斯特公爵理查及其随从则身着丧服。爱德华五世身穿紫色的天鹅绒斗篷，骑马走在游行队伍最显眼的位置。在离伦敦城不远的地方，他们碰到一支由伦敦市政当局和五百名公民组成的欢迎队伍。所有人都身着盛装，特意出城前来迎接他们的君主。欢迎队伍引导国王的队列一路穿过城门，进入伦敦。入城后，格洛斯特公爵理查立刻摘下帽子，骑马来到国王面前。他手里拿着帽子，对着国王深深鞠了一躬，好让在场的人们看到他向国王表示效忠了。他还不时地对道路两侧挤在那里围观的人群大声喊道："看啊，这就是我们的王子和君主。"

此时，人们都猜测，格洛斯特公爵理查把国王带回首都后，有可能会先将他送到伦敦上城区的威斯敏斯特宫或伦敦下城区的伦敦塔。伦敦塔虽然经常被用作监狱，但当时其实是一座城堡，国王和王室成员们经常住在那里。然而，格洛斯特公爵理查并没有先到达其中任何一个地方，而是直接去了城中心的圣保罗大教堂的主教宫殿。他把那里当作朝堂，在那儿召开了由贵族和国家高级官员参加的议会。几天后，法令开始在那里执行，国家政令也开始从那里上传下达，这一切都是以爱德华五世的名义进行的。此外，国家还开始发行印有爱德华五世肖像和铭文的新币。总之，从各种形式上看，年轻的爱德华五世已经成了真正的统治者。然而，如果说到实权，那自然全部掌握在格洛斯特公爵理查的手中。

格洛斯特公爵理查之所以没有马上前往伦敦塔，或许是因为王后的儿子多塞特侯爵控制着那里。多塞特侯爵是伍德维尔家族的成员，他也许会给格洛斯特公爵理查找麻烦。但一听到格洛斯特公爵理查到了伦敦，多塞特侯爵便立刻放弃伦敦塔，找他母亲避难去了。于是，在主教宫殿里待了几天，把所有事务安排妥当后，国王和他的所有随从便移驾伦敦塔，在那里住了下来。名义上，国王回到了自己的城堡，当然，保护他的格洛斯特格公爵理查和其他贵族及他们的随从，仍随侍左右。可实际上，是他住进了监狱，而格洛斯特公爵理查及周围听命于格洛斯特公爵理查的人都是监狱的看守。

上议院召开了一次会议，按照格洛斯特公爵理查的意愿，会议对许多政务做出了安排。

伍德维尔家族主要成员的官职都被剥夺了，他们的官位全部给了格洛斯特公爵理查赏识的贵族。6月22日被定为新的加冕日期。会议还宣布，鉴于国王太年轻，尚不能亲自理政，他的叔叔格洛斯特公爵理查应作为护国公，暂时代为行使权力。从法令颁布之时起，理查拥有的头衔有：格洛斯特公爵、国王之叔、英格兰护国公和捍卫者、御前大臣、统帅及海军总司令。

首都发生的事情传出去之后，整个伦敦城，准确地说，是整个英格兰都异常躁动。贵族们及大小官员都如坐针毡，焦急万分，他们不知道自己该支持哪一方或者该流露出什么样的情绪，不知道事情最终会发展成怎样，当然也不知道该怎样做才能确保自己最后站在正确的队伍里。大街上的普通人个个神色慌张，每个人都有不祥的预感。人们聚在一起，讨论着听到的各种传闻和谣言，他们都对国王怀有深厚的感情并愿意效忠于他——他是那么年轻，性格那么温和，而现在身处险境，这些加深了人们对他的同情。但格洛斯特公爵理查的性格令人望而生畏，这种敬畏使人们沉默，让人们感到压抑。在人们看来，爱德华五世在其"保护者"手

街上的人们

中，就像是一只被老虎保护的羔羊。

当这一切发生时，王后仍然提心吊胆地躲在庇护所里。她把孩子们看得牢牢的，特别是作为继承人的幼子约克公爵。一旦格洛斯特公爵理查篡位，国王遭遇任何不测，他就是王后唯一的支柱和希望了。

第 12 章　*CHAPTER XII*

护国公理查（1483 年）

Richard Lord Protector (A.D. 1483)

这一章我们将讲述作为护国公格洛斯特公爵理查，是怎样保护这个听命于他的年轻人的。

6月22日，举行加冕仪式的日子到了。根据英格兰的古老习俗，格洛斯特公爵理查的使命，将随着国王的加冕而结束。当然，格洛斯特公爵理查马上意识到，如果想继续掌握大权，就必须立即采取行动。

他开始反复考虑取代几个侄子成为国王的可能性。克拉伦斯公爵乔治和爱德华四世一样，死后也留下了子嗣。因为克拉伦斯公爵乔治和爱德华四世比格洛斯特公爵理查年长，所以他们的孩子比起格洛斯特公爵理查，能够优先继承王位。因此，为了达到称王的目的，格洛斯特公爵理查必须找到一些借口，将两个哥哥家的孩子都排除在继承人的范围之外。终于，他想到了一些理由。

关于爱德华四世的子女，他假装发现了一些证据，证明爱德华四世在和伊丽莎白·伍德维尔结婚前，已偷偷娶了另一个女人。这样一来，他与伊丽莎白·伍德维尔的婚姻就是无效的，他们的子女自然不能继承父亲的任何权利。

至于克拉伦斯公爵乔治的子女,他坚称,他们父亲的所有权利已经被剥夺,所以他们不能继承任何权利。根据当时的法律和惯例,一个褫夺公权的法令不仅对罪犯本人终身有效,还会剥夺其子孙的所有继承权。当时这个法令不仅会毁掉罪犯本人,还会让其家庭永世无法翻身。

然而,格洛斯特公爵理查并没有立即透露自己的计划,而是谨慎地一步步将它们付诸实施。

首先,他需要安抚自己的母亲塞西莉·内维尔,人们通常称她为"约克公爵夫人"。此时,她正住在泰晤士河岸边的一处古老的家族宅邸——贝纳德城堡里。一到伦敦,格洛斯特公爵理查便立即去贝纳德城堡看望母亲,后来也经常去那里看望她。当时,他究竟向母亲透露了多少计划,而她是支持还是反对,我们今天都不得而知。如果格洛斯特公爵理查要求她在该计划中扮演某个角色,对她来说,一定非常困难。一边是她尚在人世的幼子,另一边是她已不在人世的长子遗下的骨肉,她

克拉伦斯公爵乔治的子女得知了父亲的死讯

的决断关乎两个孩子的前程甚至性命。面临这样的两难选择，作为母亲，她最能判断出自己同情心的天平究竟偏向哪一边。

至于伍德维尔家族的直系成员，他们已经得到了很好的"照顾"。王后和她的孩子们躲在庇护所。她的兄弟和家族的其他重要成员都沦为了阶下囚，被送到了北方的庞弗雷特城堡①。在那里，他们被格洛斯特公爵理查的人关押起来。但为防夜长梦多，理查决心处死他们。这个决定很快就被执行了。

宫廷中有些贵族和大臣对理查继续掌权表示反对，看得出他们是支持年轻国王的。有些贵族虽然没有明确表明自己的立场，但其中一些已经开始向格洛斯特公爵理查示好了。其余的人则似乎要联合起来反对他。反对派中有一位十分引人注目的人物，即黑斯廷斯勋爵。除黑斯廷斯勋爵之外，还有哪些人反对他，理查心里明镜似的。为了防止这些

---

① 此地有时也被称为庞蒂弗拉克特。——译者注

人有意制订计划针对他，并且让这些计划不能得逞，同时为了牢牢掌握朝政大权，他开始召集上议院在不同的地点开会，有时在威斯敏斯特宫，有时在国王的所在地——伦敦塔，有时会在城中心他自己的府邸。他越来越多地在家中处理政务，每天无论早晚都在家中召见大臣。于是，大臣们逐渐远离了伦敦塔。很快，格洛斯特公爵理查在伦敦的府邸便成了众所周知的最有影响的权力中心，所有奏事和领取恩典的人都聚到那里，而伦敦塔的国王则没人理会，孤单地住在那儿。当然，伦敦塔有时仍然会召开形式上的会议，聚集在那里的贵族自然都是最坚定的保王党。

以上就是到6月13日——约定的加冕日前九天为止的政局。经过周密的计划，格洛斯特公爵理查准备果断地采取措施，将围绕在国王身边的支持者一网打尽。

一天，当这些贵族正在伦敦塔里举行会议时，格洛斯特公爵理查突然走进会场，这让所有在场的人大吃一惊。他和颜悦色地落座后，就开始与

贵族正在塔里举行会议

在场的人亲切友好地交谈起来。他这样做是为了打消人们因看到他突然出现而产生的疑心,不让人们发现他到这里来的"可怕"意图。

"尊敬的大人,"他转过身对一位坐在自己身旁的主教说,"我知道,您的花园里长着一些极好的草莓。真希望您能让我品尝一盘。"事实上,这位主教也是他马上要逮捕的人之一。

读者应该还记得，当时正值6月中旬，是草莓成熟的时节。

主教非常高兴杰出的护国公——格洛斯特公爵理查居然对他的草莓感兴趣。他立即叫来一个仆人，打发他回去拿一些草莓来。

格洛斯特公爵理查继续用轻松幽默的语气同其他贵族寒暄问候。他风趣的言谈已经让众人彻底放下了戒心。接着，他说他要离开一下，马上就会回来。他让会议继续进行，继续讨论他们的公事。

他走出房间，部署好一切，决心孤注一掷，立即行动。他在大门两侧和通向开会地点的通道上安排了携带武器的士兵。这时，他下达命令，并与士兵们约定了稍后会发出的行动信号。

大约一个小时后，他回来了，但脸色和语气陡变。他怒气冲冲地走进来，皱着眉头，紧咬牙关，好像突然发生了什么惹得他如此愤怒的事。他走到会议桌前，激动又气愤地对黑斯廷斯勋爵喝道："有人想谋害我，你认为这种人该当何罪？"

突然紧张的气氛吓了黑斯廷斯勋爵一跳。他回道，如果真有这样的人，无论他是谁，都该处死。

"这个人就是我哥哥的妻子，她是个女巫！"格洛斯特公爵理查说，"还有一个比她更恶毒的女巫，简·肖尔。诸位看吧！"

这时，对黑斯廷斯勋爵来说，格洛斯特公爵理查突然提起简·肖尔是种不祥的预兆。因为人们都知道，爱德华四世驾崩后，黑斯廷斯勋爵一直在充当她的保护人，并且两人早已非常亲密地住在了一起。

格洛斯特公爵理查边说边伸出手臂，把上衣袖子卷起，露出了肘部让大家看。他的这只手臂一直很瘦弱，比另一只要细一些。

"看啊，"他说，"这就是他们对我做的事。"

他说，这伙人用巫术制作了一个他的蜡像。现在他们正在慢慢地熔化这个蜡像，目的是要他的命。所以他的手臂才开始变瘦、萎缩。

在场的贵族们都知道，格洛斯特公爵理查的手臂本来就是这样，他指控王后和简·肖尔只是一个幌子，真正的目的是清除异己。此时大家都哑口无言。最后，黑斯廷斯勋爵回答道："当然，我的殿下，她们如果真的犯了如此可恶的罪行，就应当得到严厉的惩罚。"

"如果，"格洛斯特公爵理查咆哮般地重复着这个词，"你是我的仆人，看起来你非常会找借口。我告诉你，她们已经完了——我会履行我的诺言，叛徒！"

他一边咬牙切齿地撂着狠话，一边挥舞拳头愤怒地砸向桌子。

其实，这是他与会议厅门外的人约定的行动信号。这时，前厅里立即有人大喊"有叛徒"。这是另一个信号，目的是召唤格洛斯特公爵理查安排在附近的士兵立即冲进来。接着，外面传来了人们骚动和武器铿锵作响的声音。议员们还没有从惊慌中回过神来，会议桌就已被全副武装的士兵们团团围住。很快，带头的人走了进来，站在桌子旁。然后，其他人蜂拥而至，整个房间立马挤满了人。

格洛斯特公爵理查做了个手势，指了指黑斯廷斯勋爵，突然开口说："现在我要逮捕你，叛徒！"

黑斯廷斯勋爵惊恐地喊道:"什么!殿下,您要逮捕我?"

"是的,就是你,叛徒!"

几名士兵立即冲上前来抓住黑斯廷斯勋爵,押走了他。其他士兵遵照格洛斯特公爵理查先前的指示抓了另外几名贵族,他们都是带头反对格洛斯特公爵理查永掌大权的人。这些人被带了下去,全被当作囚犯关押在伦敦塔里。至于黑斯廷斯勋爵,格洛斯特公爵理查恶狠狠地对他说,让他抓紧时间为自己祈祷。"因为,我的大人,"格洛斯特公爵理查说,"今天不看到你被砍头,我是不会吃晚餐的。"

过了片刻,这个可怜的人做完祈祷后,格洛斯特公爵理查对几个士兵点了点头,示意他们可以继续了。他们立刻把黑斯廷斯勋爵带到伦敦塔外的一片草地上,让他躺在地上,脖子横放在他们找到的一截树干上,然后用一把宽斧头砍下了他的头。

就在同一天,格洛斯特公爵理查派出一队人马前往北方,给监禁里弗斯伯爵和国王朋友的看守带去了口信。里弗斯伯爵等人是和国王一起在斯托尼斯特拉福被抓的。格洛斯特公爵理查下令，将他们全部斩首。一接到命令，看守便立即执行了。

负责执行命令的是一个叫理查·拉特克利夫的军官，此人既冷血又流氓成性，在历史上非常有名，是格洛斯特公爵理查最无耻的追随者之一。他非常残忍，并且行事大胆，他话不多，但一说话，就非常粗鲁。他对犯人从无半点怜悯之心，对上帝也毫无敬畏之情。

囚犯们被囚禁在庞弗雷特城堡里。一接到格洛斯特公爵理查的命令，理查·拉特克利夫就把他们从监狱里赶到城堡外的一片空地上，准备行刑。刽子手带来一截树干和一把斧子，没有举行任何仪式，也没有允许他们为自己做任何辩解，这些可怜人就一个一个地被处死了。

这些人突然被处决的可怕消息传来后，整个王国都震惊了。但格洛斯特公爵理查现在大权在握，没有人能够和他抗衡。支持小国王的领头者被处死的消息在其他人心中留下了恐惧的阴影。格洛斯特公爵理查几乎独揽大权。至于王后和她的家人，因为他们还在庇护所避难，所以他还无法对他们下手。

然而，他丝毫没有把王后放在眼里，也丝毫不在乎她的任何一个孩子，除了国王的弟弟约克公爵。读者应该还记得，当国王被抓时，这个孩子正和他母亲住在威斯敏斯特宫，后来母亲带着他和其他孩子一起逃到了威斯敏斯特大教堂。格洛斯特公爵理查现在迫切地想抓住这个男孩。

格洛斯特公爵理查之所以如此想得到这个孩子，是因为如果他哥哥，也就是爱德华五世活着，那么他确实无足轻重。而一旦爱德华五世遭遇任何不测，格洛斯特公爵理查非常肯定，忠诚的英格兰人民一定会把目光投向约克公爵，全心全意地拥戴他为合法的继承人。但如果这两兄弟都遭遇意外，并且如果能够想办法让人们认为，克拉伦斯公爵乔治的孩子因他们的父亲而被剥夺了权利，所以也失去了继承权，那么他自己就能够挺身而出，成为真正合法的王位继承人了。的确，正如之前所说，宣布伊丽莎白·伍德维尔与爱德华四世的婚姻无效只是他计划的一部分，目的仅仅是否定爱德华四世子女的继承权。但他非常清楚，即使大部分英格兰人都对此表示赞同，肯定还会有一小部分人表示反对，并且这一小部分人会继续效忠这两个孩子。如果两个孩子落入这些人手中，有朝一日，他们可能会变得非常强大，严重威胁到格洛斯特公爵理查的统治。因此，他认为十分有必要将这两个孩子都掌握在自己手里。

正因如此，他对自己说："我必须想方设法，不惜一切代价把小约克弄到手。"

篡位者和所有想要牢牢抓住原本不属于自己的权力的野心家都有一个共同点，那就是为了达到自己的目的常常不择手段，特别是会使用那些见不得人的方法。或者他们不亲自动手，而是把他人推到台前，假借他人之力达到目的。在接下来要讲到的这件事上，格洛斯特公爵理查就是这样做的。他召集全国的贵族和重要官员召开了一次大会，会上提出，为了能让小约克公爵和他哥哥生活在一起，将从母亲身边带走他，改由护国公格洛斯特公爵理查代为行使监护权。和格洛斯特公爵理查一伙的贵族都表示支持，但所有主教和大主教这样的神职人员则一致认为，庇护所神圣不可侵犯，所以都反对将小约克公爵从他母亲身边带走，除非得到他母亲的同意。

另一派人争辩道，庇护所是犯了罪的人寻求避难、逃避惩罚的地方，在那里人们不能犯罪，也不能指控任何人，所以这项规定并不适用于这件事。换句话说，庇护所只能庇护那些因触犯法律而获罪或被认定有罪的男男女女。但孩子们并没有犯罪，所以庇护所的特权并不适用于他们，也就不能为他们提供保护。

这种观点得到了大家的普遍赞同。主教和大主教的意见被否决，紧接着会议通过了一项决议，判定护国公格洛斯特公爵理查获得其侄子约克公爵的监护权。因此，如果有必要，他可以使用武力将约克公爵带离庇护所。

不过，主教和大主教们仍然坚持，应尽量避免使用武力，不希望用武力解决问题。最终，全国级别最高的教士坎特伯雷大主教提议，由会议选出一个代表团前往大教堂，他会随代表团一同前去面见王后，想办法说服她自愿交出儿子。

代表团把将要前往庇护所的消息告知了修道院院长，并和他及王后约定了见面的时间。于是，代表团便在约定之日，正式动身前往威斯敏斯特大教堂。修道院院长和伊丽莎白·伍德维尔在耶路撒冷厅举行了简短的欢迎仪式，迎接代表团的到来。之前说过，那里是教堂的大会客厅。

作为代表团的代表，坎特伯雷大主教对王后解释了事情的原委，并对她说，大家都希望她允许她儿子约克公爵离开庇护所，搬到伦敦塔的皇家住所和他哥哥住在一起。在他叔叔护国公格洛斯特公爵理查的照顾下，坎特伯雷大主教补充道，他将会十分安全。

"护国公认为公爵应该离开这里，"坎特伯雷大主教补充道，"去陪伴他哥哥。国王每日郁郁寡欢，护国公说他需要一个玩伴。"

"所以是护国公，"伊丽莎白·伍德维尔答道，"是他认为国王需要一个玩伴！上帝保佑，但愿他真的是在尽一个保护者的职责。可难道除了弟弟，就不能给国王找到其他玩伴了吗？"

"此外，"她补充道，"约克公爵现在身体不好，根本没有心情玩耍。你们还是给国王另找玩伴吧。难道王子们小时候，就不跟与他们地位不同的孩子一起玩吗？你们说得好像男孩必须和兄弟一同玩耍，而不能跟其他孩子做朋友一样。而我们都知道，比起和其他孩子在一起玩耍，男孩和自己兄弟吵架斗嘴是更常有的事。"

大主教听罢，仍然继续劝说，对王后晓之以理，动之以情，告诉她为什么应该把小约克公爵交给他叔叔。大主教还对她解释说，议会的法令已经授权护国公，他可以从修道院接走他侄子。如果有必要，甚至可以使用武力。但为王后和年轻的公爵着想，为其他人着想，这件事最好以和平友好的方式解决。

悲伤的王后终于明白，她根本没有选择，只能就此认命,放弃自己的儿子。她慢慢地、不情愿地接受了这个事实,最终表示同意。接着约克公爵被带了进来。

王后一把抓住他的手,再次对大主教和所有代表说了一番话,大致内容是这样的:

"我的阁下,"她说,"以及在场所有大人们,我不会怀疑你们对我做出的承诺,或认为你们对我不公或心怀不敬。这是我的儿子,现在我把他交给你们。毫无疑问,如果我可以和他在一起,那么在我的保护下,他将会很安全。尽管有敌人对我恨之入骨,但我相信,如果他们认为,自己的血管里哪怕还流着一丝我的血液,他们也会切开血管让血出来。

"今天,我将照你们所说,把他交给你们,由他哥哥和叔叔来保护他。但我很清楚,渴望得到王位的人是六亲不认的。兄弟都能够成为兄弟的祸根,侄子们还能够相信他们的叔叔吗?男孩们如果分开生活,会是安全的;但在一起之后……我就不知道了。不管怎样,我在这里把我儿子及他哥哥的生命都交给你了，你要在上帝和众人面前起誓。我知道你本质上是一个忠实、守诺的人，只要你愿意，你有能力保证孩子们的安全。你可能认为我过于焦虑、担心，那么你也要小心，切勿胆大妄为，目空一切。"

然后她走近约克公爵，亲吻了他。此时此刻，她的眼泪涌了出来。

"再见了，"她说，"再见了，我亲爱的儿子。上帝保佑你。在你走之前，我必须亲吻你，因为没有人知道我什么时候才能再次亲吻你。"

她又亲吻并祝福了他，然后痛哭着转身离开了。

看到母亲如此痛苦，孩子也跟着哭了起来。不过，大主教还是牵着他的手离开了，身后跟着代表团的其他成员。

他们先把小公爵送到附近的议会大厅，再从那里将他送到伦敦城里护国公格洛斯特公爵理查的府邸。在那里，他受到了礼遇和热情的款待。格洛斯特公爵理查还为他安排了一批端庄大方的侍从，正式教导他将来和哥哥在伦敦塔生活时要遵守的各种礼节。

现在，一切都在格洛斯特公爵理查的掌控之中了。带走约克公爵那天是6月16日，而已经定好的加冕日是6月22日。

第13章 CHAPTER XIII

称 王（1483年）

Proclaimed King (A.D. 1483)

此时，对格洛斯特公爵理查来说，已经万事俱备，只待行动。他的一个很重要的朋友和追随者——白金汉公爵是一个很有影响力的贵族，参与过他策划的好几次行动，深得他的信任。在这一章，我将继续讲述格洛斯特公爵理查和白金汉公爵是如何暗中筹划，一步步夺取王位的。对这件事，不同历史学家有着不同的记载。对当时发生了什么，历来众说纷纭。直到现在，我们也很难确定当时的事实和真相究竟是什么。但这并没有大碍，因为随着时间的流逝，对普通大众来说，有必要详细了解的，是已经被大众接受的故事，是演说家和诗人口中与笔下讲述的故事，以及在随后的时代里，政治家和道德家讨论的故事。因为在进行阅读时，大众的所有目的，只是想要了解故事的缘由，而并非真相。

此时，格洛斯特公爵理查正和母亲住在贝纳德城堡。年轻的国王和他弟弟则住在伦敦塔。虽然他们并不是囚犯，但格洛斯特公爵理查还是派人日夜严密地看管他们，以防他们逃跑。王后伊丽莎白·伍德维尔仍然和其他孩子一起在庇护所避难，格洛斯特公爵理查的妻子则带着年幼的孩子住在米德勒姆城堡。

安妮在米德勒姆城堡居住期间曾使用的家庭账簿一直保存到今天，其中事无巨细地记录了理查儿子的所有花销。而关于他父亲当时施行的重大政治计划和措施，却没有明确翔实的记载。这是一个非常奇怪的现象，但反映了在古代，有时一些无关紧要的日常琐事会被人们详细地记录并流传下来，而一些重大事件的记载往往含混不清。这本账簿里记录着她为购买一块绿色的布花去了二十二先令九便士，而用它为"我的王子殿下"做成礼服又花了一先令八便士。为他购买一根翎毛花了五先令，又花了十三先令一便士为他在一个叫迪瑞克的鞋匠那里做了一双鞋。正如我们下面将讲到的，离开米德勒姆城堡前往伦敦后，安妮仍然继续记账。有几笔开销是旅行途中为孩子们在教堂里买了供品和礼物所产生的。雇用两个人——麦德卡夫和帕考克跑腿搬运行李花了六先令八便士。还有一笔两便士的支出竟然花在了修补鞭子上!

好了,还是回到我们的正题上来吧。离爱德华五世的加冕日期越来越近了,但格洛斯特公爵理查意图阻止加冕仪式的举行,准备夺取王位。他首先散布谣言,说自己的两个侄子并非兄长爱德华四世的合法子嗣。为了让人们相信这点,他准备首先用尽各种方法,到处说爱德华四世的坏话。这很容易做到,因为爱德华四世的口碑早就够坏了,因此,无论格洛斯特公爵理查怎样抹黑他,人们都会深信不疑。

于是,格洛斯特公爵理查指使自己的朋友和同党到处大肆宣扬已故国王是一个放浪形骸、恶贯满盈的无耻之徒。一方面,他们捏造了许多谣言,尽管事实并没有如此夸张。这些谣言一传十十传百,迅速流传开来,舆论看上去对爱德华五世十分不利。而格洛斯特公爵理查又装出一副安分守己、遵规守矩的样子,并且还说,自己有义务全力弥补和消除兄长的堕落放荡对宫廷及整个王国产生的不良影响。此外,他还声称,他将应臣民们的要求，惩戒简·肖尔这种带坏了国王的教唆者，以儆效尤。

读者可能还记得，简·肖尔曾是一位受人尊敬的伦敦公民的妻子，爱德华四世引诱她离开了丈夫，把她带进了王宫。她性格善良，温柔可亲，所有记载都说，她凭借国王对她的宠幸去行善，做了许多好事。当国王准备严厉地惩罚某人时，她总是上前劝说，平息国王的怒火，拯救原本要受罚的人。总之，在她的影响下，国王不再那么残忍。她保护了许多既无辜又无助的人，让他们不含冤受罚。虽然她的温柔善良不足以弥补她抛弃丈夫①、投入国王怀抱的天大罪过，却令英格兰人民对她的看法有所改观。人们不再对她那么嗤之以鼻，鄙夷不屑。

格洛斯特公爵理查逮捕了简·肖尔，并把她关进了监狱，接着将她收藏的所有价值连城的金银餐具和珠宝没收充公。最后，格洛斯特公爵理查把她

---

① 与爱德华四世相识前，她是有夫之妇，她的丈夫是一位富有的金匠和珠宝商。——原注

送到了宗教法庭受审。法庭自然听命于格洛斯特公爵理查，一致判她服刑赎罪——那天正午，她几乎赤身裸体地走在伦敦的大街上示众，从城市的一头走到另一头。格洛斯特公爵理查让她暴露在众人面前，是要羞辱她，让聚集观看的人们认定，她是一个荡妇，让众人尽情地唾骂和蔑视她。在一些古老的已经过时的法律中，替格洛斯特公爵理查办事的人发现了这样的刑罚。于是，他们决定在一个星期日行刑。这个不幸的罪犯身上只穿着一件睡衣，手里拿着一根点燃的细蜡烛。当时，有数千人聚集在街头围观，她穿过一排排人群，从伦敦的一条条大街上走过。不过，人们并没有如料想的那样嘲笑她、辱骂她，而是被她悲痛的神情和美丽的容颜打动，纷纷起了恻隐之心。人们想起了许多关于她慈悲心肠的故事，想起了即使在受宠得势时，她也一直是一个和蔼可亲、温柔善良的人。想到这些，人们的心软了。大家一致认为，法律只严厉惩罚她一个人，未免太过苛刻，还有许多无论身份高贵还是低微的人却仍然逍遥法外。

尽管如此，格洛斯特公爵理查的目的还是达到了。如他所愿，人们都相信了爱德华四世是一个风流成性的人，从而为他将要对爱德华四世提起的指控做了铺垫。

格洛斯特公爵理查为爱德华四世罗织的罪名是这样的：在与伊丽莎白·伍德维尔结婚前，他已经偷偷地与另一个女子结婚，这样一来，他就犯下了重婚罪。当然，如果这一切都是真的，那么他的第二段婚姻就是无效的，与第二个妻子生下的孩子自然就没有了继承权。

这个故事究竟是真是假谁也无从得知。但唯一可以确定的是，格洛斯特公爵理查散布了这个谣言，并且找到了几个证人来作证。与爱德华四世结婚的这个女子闺名叫埃莉诺·塔尔博特。她早年曾与一个叫博特勒的贵族结婚，据说爱德华四世和她结婚时，她的丈夫已经去世。两人的婚礼在一位主教的见证下秘密举行，当时除了他们两人和主教，没有任何人出席。爱德华四世曾要求主教严守秘密，主教也对此发了誓。但后来，在爱德华四世和伊丽莎白·伍德维尔结婚后，这位主教有一次把秘密透露给了格洛斯特公爵理查。爱德华四世听说后勃然大怒，指责主教违背誓言，接着立即免了他的职，并将他关进了监狱。

据格洛斯特公爵理查说，为了维护家族的和平，兄长在世时，他一直保守着这个秘密。但现在，为了不让王位落到一个非法婚姻所生、根本没有继承权的私生子头上酿成大错，他觉得大家应该知道真相。

他首先把这件事告诉给宫廷中一些有影响力的人，短短一周就传遍了贵族圈子。根据他的安排，到下个星期天，百姓们就都会知道。

伦敦市中心的圣保罗大教堂附近有一片很大的空地，人们经常在那里举行各种各样的宗教和政治集会。空地的一侧有一个讲坛，经常有人登上讲坛布道、演讲、发布公告。当有人需要当着大群人的面进行宣誓时，他们也会来到这里，向人们公开宣誓。

就在简·肖尔当众赎罪的第二个周日，伦敦市长的兄弟肖博士登上讲坛，向许多聚集在那里的市民演讲。他公开否认爱德华四世的两个儿子拥有王位继承权，并且声称格洛斯特公爵理查才是真正的王位继承人。

在演讲中，他引用了一段《聪明的所罗门》中的话："邪恶之人的后代不得生存。"他对公众说，在同伊丽莎白·伍德维尔结婚时，爱德华四世已经是埃莉诺·博特勒的丈夫了。因此，他的第二段婚姻是非法、无效的，第二段婚姻中生下的子女根本没有继承王位的资格。据说，他还指出，爱德华四世与克拉伦斯公爵乔治都不是他们父亲约克公爵理查·金雀花的亲生儿子，只有格洛斯特公爵理查才是他父母合法的长子。为了证明这一点，他指出，格洛斯特公爵理查与约克公爵理查·金雀花的相貌十分相似，而爱德华四世和克拉伦斯公爵乔治则与他们的父亲没有半点相似之处。

据说，他们还事先安排好，当肖博士说到格洛斯特公爵理查与父亲约克公爵理查·金雀花相貌相似时，格洛斯特公爵理查本人会假装碰巧经过讲坛，于是，肖博士就抓住机会，指引市民们端详他指出的格洛斯特公爵理查与父亲的相像之处，从而证实他所言非虚。同时，他还将趁着格洛斯特公爵理查到来，声情并茂地为其造势，煽动群众燃起对格洛斯特公爵理查的热情。但这种预想的舞台效果在实际操作时失败了——如果他们真的有预谋。格洛斯特公爵理查并没有在恰当的时机出现。当他出现时，要么肖博士没能很好地控制住场面，要么就是格洛斯特公爵理查的支持者实在寥寥无几，因为在演讲最后，当肖博士期待观众的掌声和欢呼声出现时，人们却面面相觑，毫无反应，似乎完全没有被他的高谈阔论打动。

接下来的几天，他们又几次试图煽动市民，希望市民能够举行集会来支持格洛斯特公爵理查，但都没有成功。在闹市中心的市政厅，白金汉公爵遇到了一大群伦敦市民。在这群贵族、骑士和有地位的市民的簇拥下，他向市民发表了一篇很长的精彩演讲。在演讲中，他竭力支持格洛斯特公爵理查称王。他公开抨击前国王的人品，并夸张地描述其放荡堕落的生活。白金汉公爵还提到，当爱德华四世与伊丽莎白·伍德维尔王后结婚时，爱德华四世已经是埃莉诺·博特勒丈夫的事。所以他强调，爱德华四世与伊丽莎白·伍德维尔的婚姻无效，他们的孩子没有继承权；而克拉伦斯公爵乔治的孩子们也因父亲被剥夺了所有权利而丧失了继承王位的资格，因此，格洛斯特公爵理查是现在唯一的王位继承人。

慷慨激昂的演讲接近尾声时，白金汉公爵高声问下面的听众，在这种情况下，他们是否愿意支持格洛斯特公爵理查继承王位。只有几个可能是被事先雇来的可怜兮兮的人把帽子扔向空中表示支持。他们大声欢呼："理查国王万岁！"但大多数有身份的人看上去神色凝重，一声不吭。而几个被迫发表意见的人表示，他们需要时间考虑后再做出决定。

因此，这些想要为格洛斯特公爵理查争取民心的行动宣告失败。不过，他们还是达到了一个目的：他们向全伦敦和周边的人宣告了一场"革命"即将发生，让人们对即将出现的时局变动有了心理准备，不至于被突如其来的变化吓坏。

在白金汉公爵市政厅演讲的第二天，全英格兰所有贵族、主教、议员和官员聚集在威斯敏斯特，召开了一次大会。这次会议虽无议会之名，却有议会之实。因为根据法律，只有国王才能召集议会。格洛斯特公爵理查虽然质疑爱德华五世的继承权，但他不能以自己的名义组织任何公开活动。所以这次会议只是英格兰贵族、教会和国家的一些重要人物的一次非正式会面，目的是让大家聚在一起商议下一步该如何行动。当然，会议商讨的结果都是由格洛斯特公爵理查的人事先安排好了的。格洛斯特公爵理查的朋友和主要支持者白金汉公爵策划了这次会议。其他参与者自然是格洛斯特公爵理查的支持者们。那些带头反对他的人不是被砍了头就是被关进了监狱。其余的人有的逃跑了，有的躲了起来，只有极个别还敢在会议上露面。但他们谁都没有勇气，或者说谁都不敢轻率、鲁莽地对白金汉公爵提出的事情表示反对。

会议商议的结果是，由众人起草一份请愿书，把它呈给格洛斯特公爵理查，宣布他是王位真正合法的继承人，并恳求他立即开始行使君主的权力。

接着，这些人组成一个代表团，由白金汉公爵带领，前去等候格洛斯特公爵理查并向他呈上请愿书。请愿书写在一卷羊皮纸上，用书面语写成。文中宣称，毋庸置疑的是，爱德华四世在与伊丽莎白·伍德维尔结婚之前，已经先与"埃莉诺·博特勒"结为夫妻，成了她的丈夫。因此，伊丽莎白·伍德维尔与爱德华四世生的孩子并非合法婚姻所生之子，他们不能继承父亲的任何权利，特别是绝无可能从父亲那里得到王位继承权。至于克拉伦斯公爵乔治的子女，因为早有法案剥夺了他们父亲的公权，所以他们也无权继承王位。根据继承顺序，接下来的便是格洛斯特公爵理查，所以他现在成了真正合法的继承人。因此，各级代表齐集一堂召开会议，承认他与生俱来拥有的王位继承权。在请愿书的最后，他们恳请并敦促格洛斯特公爵理查立刻登上王位——这既是他与生俱来的权利，也是议会讨论的结果。

当然，虽然请愿书听上去好像是在劝说格洛斯特公爵理查接受他们的请求，但实际上，一切都是格洛斯特公爵理查一手安排、白金汉公爵配合完成的。请愿书里的字字句句都是写给市民看的，他们盼着，里面的内容能很快传遍全国。

请愿书准备好后，白金汉公爵以代表团的名义，要求面见护国公，将请愿书呈上。于是，格洛斯特公爵理查将众人约至自己母亲的住处贝纳德城堡。

贝纳德城堡

代表团如约而至，在会客厅受到格洛斯特公爵理查的热情接待。白金汉公爵拿出请愿书呈与格洛斯特公爵理查。读罢后，格洛斯特公爵理查似乎毫无准备，表现出一副不知所措的样子。片刻后，他开口说，他从未想过当国王的事。他说，他没有统治国家的野心，只想辅佐他侄子直到侄子成年，然后把国家平平稳稳地交给侄子。但白金汉公爵马上接话答道："这绝不可能，英格兰人民绝不会同意由一个私生子来统治国家。"

"我的大人，如果你拒绝接受王位，"白金汉公爵接着说，"那么我们会另立他人。"

最后，格洛斯特公爵理查假装被众人说服，上演了一出好戏。他半推半就，同意次日前往威斯敏斯特，公开宣布即位为王。

于是，第二天，众人组成了一支壮观的队伍，簇拥着格洛斯特公爵理查盛大又隆重地来到威斯敏斯特大厅。在这里，他坐上了宝座，未来的朝廷重臣、各位主教和大主教站在他周围。大厅里的其他地方则挤满了大批前来一睹盛况的市民。

在大主教的主持下，国王理查三世首先按照惯例宣读了皇家誓词。接着，理查三世宣大法官上前，并对他们讲话，告诫他们要公正严明、秉公执法。他还说，保证司法公平是他统治的首要目的、重中之重。之后，理查三世又向聚集在大厅里的市民代表发表了讲话，还宣布赦免所有因反对他而获罪的人，并发布公告，宣布全国大赦。听到这些，人们大声欢呼。最后，仪式在人们"理查国王万岁"的欢呼声中结束了。

理查三世即位的场景是这样的：

新国王在象征王权的王座上端坐着，皇家的威严淋漓尽致地展现了出来。接着，在仪仗队的簇拥下，理查三世来到威斯敏斯特教堂，按照传统到教堂的一个圣殿里进行祭拜。在教堂门外，国王的队伍碰到了一队修士，他们一边前行一边吟唱着庄严的国歌。

宗教仪式完成后，理查三世又率领一支由骑士、贵族和市民组成的骑兵队前往市内的圣保罗大教堂。此时，街道两旁挤满了市民，当国王经过

理查登基

时，他们便高声欢呼，表达敬意。在圣保罗大教堂内又举行了一些仪式，国王在那里发布了若干公告。人们多多少少出于真心，吹着喇叭，挥舞着旗帜，大声欢呼"理查国王万岁"来表达他们的喜悦之情。最后，当城中的所有仪式完成后，国王回到威斯敏斯特，在王宫中住了下来。在他回到王宫的同时，他宣布即位的消息被送到伦敦各地。

理查三世宣布即位的这天是1483年6月26日，距国王爱德华四世驾崩大约只有三个月。其间，爱德华五世在理论上被视为英格兰国王，但这个可怜的孩子自始至终从未作为国王行使过任何权力，他一直受人控制，只是一个无助的囚犯。那些口口声声说要保护他的人，实际上却如他的死敌一般冷酷、无情。

第14章　　*CHAPTER XIV*

加　冕（1483年）

The Coronation (*A.D. 1483*)

上一章讲到，1483年6月26日，理查被拥立为王。为了尽早全面行使王权，他决定立即为自己举行加冕仪式。于是，他将加冕日定在了1483年7月6日，这意味着做必要的准备工作的时间只有十天了。

理查三世第一件要做的事便是给自己的妻子——住在米德勒姆城堡的安妮送去消息。他即位后，安妮理应就是英格兰王后了。理查三世希望她带着他们的孩子爱德华一同来参加加冕典礼。

安妮似乎是在1483年7月3日才抵达伦敦，这时距加冕只有三天了。据当时的一本账簿记载，安妮当天在伦敦采买了一些用来制作加冕礼袍的金丝布料，这些布料非常华美，并且价格不菲。

理查三世决定把自己的加冕典礼办得比之前任何一位英格兰君主都隆重。因此，准备工作自然十分繁重。盛大的加冕典礼开始前几天，热闹的表演和游行就开始了。

1483年7月4日，星期日，国王和王后乘坐皇家驳船，正式前往伦敦塔。一行人从国王母亲的住处贝纳德城堡出发,那里也是王后抵达伦敦后的下榻地。

国王、王后及其他重要人物乘坐的皇家驳船装饰华丽,上面有用丝绸做成的檐篷。大批市民成群结队地聚集在一起看热闹。有些人在河上乘船等候,有些人在岸边驻足,每一个绝佳的观赏位置和制高点都挤满了人,还有些人则占据了临河建筑物的窗户,从那里向河上张望。

皇家驳船顺流而下到了伦敦塔。无论他们走到哪里,都能听到四周传来的"理查国王万岁""高贵的王后安妮万岁"的欢呼声,此起彼伏,经久不息。

自古以来,王权一旦牢牢确立,并且无论是以什么方式获得,都一定会博得许多臣民的支持。

抵达伦敦塔后,理查三世立即受到他任命的伦敦塔官员的热烈欢迎。他正式接管了这里,将这里作为他的王宫之一。他在大会议厅举行了觐见礼,先是授予几人爵位,接着授予另外几人骑士称号。

这些人曾对是否应该支持他犹豫不定，因此，理查三世希望通过赏赐，使他们下定决心追随自己。

理查三世还赦免了一些罪犯，因为他相信自己的善意会感化他们，使他们重新做回善良的人。但理查三世并没有如此仁慈地对待年轻的前国王及其弟弟。事实上，如果他真这么做，是十分危险的。他知道，整个王国内部还有很多人仍然认为，爱德华五世是合法的国王；他也很清楚，一旦让这些人得到了爱德华五世，他们就会打着他的旗号行动，甚至可能会组织起一支强大的力量支持爱德华五世夺回王位。因此，他深信，严密地看管这两个男孩，不让他们落入他人之手，是计划成功的关键。于是，他让他们从先前居住的房间搬出，把他们关到了伦敦塔外墙上的一座阴森的塔楼里。因为时不时会有人在这里被残忍地杀害，所以这里又称"血塔"。

星期二的加冕仪式举行前，理查三世和安妮王后一直住在伦敦塔。

血塔

当天的加冕仪式一开始，由国王及其随从组成的阵容庞大的仪仗队便从伦敦穿城而过，最后回到威斯敏斯特教堂。为了使盛大的庆典更富于变化，仪仗队选择在骑兵队的簇拥下，骑马穿过城市街道返回，而不是像去时那样乘船走水路。观礼的观众比以往任何时候都多。街道上人山人海，为防止骚乱，理查三世还下令戒严。

抵达威斯敏斯特后，王室成员们便去了威斯敏斯特大教堂。与以往的加冕典礼一样，首先要在那里的一个圣殿举行宗教参拜仪式。每当这时，这个圣殿就会被人们视为特别的神圣之地。国王和王后赤着脚从大厅来到圣殿，以示崇敬和谦卑。但在这里需要补充的是，他们走在绣着花纹的布上，布是为举行加冕仪式而铺在大理石路面上的。所有骑士和在场的英格兰贵族陪同并跟随国王和王后进入圣殿参拜。

其中一位贵族手捧国王的王冠，另一位手捧王后的王冠，其他几人则分别手持各种象征王权的古老御宝。王后走在一个丝绸华盖下，华盖的四个角上分别缀着一个金铃铛。四位重要官员手擎华盖，当他们迈步前行时，铃铛就叮当作响。

王后头上戴着一顶装饰着珍贵宝石的金冠。四位主教分别站在华盖的四角下，作为王后的贴身随侍和她一起前行。王后身后还跟着一位地位非常尊贵的女士，随她的队列一起前进。

一行人来到圣殿后，国王和王后在高高的祭坛两边落座。他们进来后，一队身着华丽的金丝法衣的神父和主教也走上前来，口中高声颂唱着庄严的圣歌和祷告词。

宗教仪式完成后，又庄严地举行了涂圣油，为国王、王后佩戴王冠，着加冕服和授御宝等一系列仪式。所有仪式进行完毕后，皇家仪仗队再次列队，按照相同的顺序走回威斯敏斯特大厅。和来时一样，王后仍然走在丝绸华盖下，挂在上面的金色铃铛仍然随着擎伞人的步伐叮当作响。

威斯敏斯特大厅里建起了一个高台，上面放置着国王和王后的宝座。国王和王后在贵族和重要官员的陪同下走过来登上高台后，仪仗队的其他陪同人员也跟着进了大厅。

看到国王和王后已在台上落座,并有贴身随从侍奉在旁,仪仗队的人员便知道自己的使命已完成,是时候退下了。这时,有一位军官骑着马出现在大厅,向他们发出解散的指令。他的马背上盖着金线织成的布,从马背的两边一直垂到地面上。这时,人们纷纷退到他后方,依次离开大厅,不一会儿,整个大厅便空空荡荡了。

接着,国王和王后从王座上站起,被引导着去了宫中的内室。令人精疲力竭的典礼结束后,他们在这里稍作休息,待精神恢复后,再去出席盛大的晚宴。

晚宴的会场是这样布置的:国王和王后的餐桌放在高台上,上面擎着华盖。大厅里摆着四张巨大的长桌,那是为受邀的贵宾准备的。

晚宴定在16时。那时,国王和王后再次来到大厅,登上高台,然后坐在为他们准备的餐桌旁。

这时,他们已经换了一套服装。他们脱下了王袍,放下了加冕时被授予的各种御宝,换上了有昂贵貂皮锁边的深红色金丝天鹅绒长袍。他们身边尽是达官显贵，这些人也穿着华服。与国王和王后同桌的是英格兰地位最尊贵的贵族，侍候他们用餐的金银器皿是那么精致、华美。

宴会的第一部分结束后，在一位传令官的召唤下，一位全副武装的骑士骑着一匹盛装打扮的战马进入大厅。他是国王的保护者，根据传统，这种场合他总会出现，如果这里有国王的敌人，他会当场杀敌，以捍卫国王的尊严。

战马的马衣由红白两色丝绸制成，骑士的盔甲则闪闪发光。在骑着马来到高台前方时，他大声问在场的所有人，有没有人反对理查三世成为英格兰国王。

当他发问时，所有人都严肃地凝视着他，但没有人回答他的问题。

接着，骑士再次高声说，如果有人敢站出来宣称理查三世不是英格兰的合法君主，他会和此人决一死战，来捍卫理查三世的尊严。他边说边将自己的金属护手扔到地上，以示国王权威神圣不可侵犯。

看到这一幕,所有人异口同声地高呼:"理查国王万岁!"宽敞的大厅里回荡着雷鸣般的欢呼声,持续了好几分钟。

典礼结束后,一队传令官来到国王面前,请求国王赐福。赐福环节指的是国王向众人抛撒钱币,众人则争先恐后地上前捡拾。国王先后三次将钱币抛向大厅里的宾客,根据王室账簿的记载,赐福环节总共用了一百英镑。

有人可能会说,人们争先恐后地去地上捡拾钱币这种娱乐方式,未免太过粗俗、吵闹,但这本就是应该尽情嬉闹的场合。

在嬉闹的赐福活动结束后,国王和王后起身离席。此时已到了晚间,许多火炬被拿了进来,照亮了整个大厅。国王夫妇退席后,宾客们也都借着火炬的光亮一一告别。至此,整个加冕仪式才算全部结束。

第 15 章　　*CHAPTER XV*

王子的命运

The Fate of the Princes

加冕典礼结束后，理查三世和安妮王后去温莎城堡住了一段时间。其间，理查三世在温莎城堡召见大臣，初步安排了重要政务，这在统治初期很有必要。一旦各项政事步入正轨，国王就会巡视整个王国，接受臣民们的道贺。同时，他希望凭借恢宏的巡游场面和盛大的游行队伍，来彰显自己的权威，给臣民留下深刻的印象。

国王从温莎城堡出发，第一站到了牛津。在牛津，他受到牛津大学所有重要人物的热烈欢迎。接着他又去了格洛斯特，然后是伍斯特。所到之处，他都受到盛大的游行队伍的欢迎。他的那些拥趸为了讨好他，当然使出了浑身解数来营造盛大的场面。而那些对此漠不关心或犹疑不定的人也蜂拥着前来看热闹，无形中为空前的盛况增加了气势。值得一提的是，理查三世的反对派和私下仍然忠于年轻的爱德华五世的人并没有公开站出来反对，但他们召开了秘密会议来表达自己的异议。

最后，理查三世带着巡视队伍到了沃里克城堡，在那里，他和王后、小王子相聚了。当初，国王离开温莎城堡后又去巡视了西部诸城，而王后则一直留在温莎城堡。后来，她带着自己的巡游队伍穿越整个王国，来到她从前的家和丈夫团聚，因为沃里克城堡曾是王后的父亲沃里克伯爵的重要大本营和居住地。国王和王后在这里住了一段时间，并且把宫廷搬到了这里，将这里布置得富丽堂皇。他在这里接见了来自西班牙、法兰西和勃艮第的大使，他们由各自的政府派来祝贺理查三世即位，并向他表达了善意。每位大使都郑重地带着大批随从前来，理查三世也为他们安排了盛大的欢迎仪式和庆祝活动，场面之宏大，语言实难尽述。

其中，西班牙大使带来了国王斐迪南二世和王后伊莎贝拉一世的正式请求——希望他们的女儿与理查三世的幼子联姻。小王子那时大约只有七岁。

在沃里克城堡住了一阵子后，整个王室继续北上，经过几个大城后，最终来到约克。当时，约克已经是英格兰的北方重镇。在那里，他们受到热烈欢迎。周边地区的所有贵族名流欢聚一堂，欢迎国王的到来。欢迎仪式规模宏大，盛况空前。

在约克，理查三世再次举行了加冕仪式。这次他的儿子小爱德华隆重登场，出现在公众面前。他被册封为威尔士亲王，并举行了隆重的册封典礼。加冕那一天，他头戴着一顶小王冠，由他母亲前着他的手走上了圣坛。

然而，这个可怜的孩子并没有意识到他父亲为他开辟了多么美好的前程，就在册封典礼几个月后，死在了米德勒姆城堡。

在约克举行的加冕仪式与在伦敦举行的并无二致，同样是宴会、游行及各种盛大的庆祝活动。庆典持续了好几天，观看典礼的人们兴高采烈，这似乎暗示着，英格兰人民已经默认理查三世为王的事实了。

尽管表面上一切进展顺利，但理查三世的内心一刻都没有轻松。从即位那天起，他就很清楚，只要哥哥爱德华四世的孩子们还活在世上一天，他的王位就坐不安稳。他知道，王国内部一定还有一群暗中支持爱德华五世的人；他也知道，这些人很快会达成共识，一起谋划推翻他。要彻底阻止或挫败他们的阴谋，就得除掉这两个孩子。在离开伦敦前，他就下定决心①了结此事了。

理查三世决心永绝后患。谋杀发生在王室北巡期间，那时英格兰人民的注意力全都被理查三世壮观的游行队伍吸引了。理查三世打算趁机秘密处死他们，这样一来，两个男孩死亡的消息就能隐瞒一阵子，等时机成熟了，场合合适了，再公之于众。

于是，离开伦敦后不久，理查三世便派出一个叫格林的密使，吩咐他将一封信带给伦敦塔的监狱长罗伯特·布拉肯伯里爵士。在信中，他吩咐罗伯特·布拉肯伯里爵士杀死两个男孩。

格林立即返回伦敦执行命令，理查三世则继续在外巡视。当理查三世来到沃里克，格林也到了，并带回消息说，罗伯特·布拉肯伯里爵士拒绝执行命令。理查三世听后非常生气。他转过身，气愤地对房间里一个候在旁边的男侍从说："现在连

---

① 我之所以说他下定决心，是因为尽管有些为理查三世辩护的人矢口否认自古以来对他众口一词的指控，但有证据让我们可以基本肯定这个可怕的故事的主要细节是完全真实的。——译者注

这些我亲手栽培、提拔起来的人都要违抗我的命令了！"

侍从回答道："陛下，我知道前厅有个人，无论您要他做什么，他都会服从您的命令。"

理查三世问此人是谁，侍从说是詹姆斯·蒂雷尔爵士。他的能力突出，多才多艺，但为人非常无耻。侍从通过与他闲聊得知，他十分渴望获得国王的青睐。他请求侍从为他安排，因此，侍从一直在寻找机会将他引荐给理查三世。

理查三世下令把詹姆斯·蒂雷尔带进来，然后与他进行了密谈。通过隐晦的暗示，理查三世告诉了他需要做的事情。詹姆斯·蒂雷尔接受了任务。于是，理查三世给了他一封信，要他转交给罗伯特·布拉肯伯里爵士。在信中，他命令罗伯特·布拉肯伯里爵士把伦敦塔的钥匙交给詹姆斯·蒂雷尔。最后，信中写道，"他会在那里遵照国王的命令完成国王的心愿。"

拿到信后，詹姆斯·蒂雷尔立即带着几个帮手前往伦敦，其中有个叫约翰·狄格顿的人。他是詹姆斯·蒂雷尔的马夫,"他是个孔武有力、唯命是从的无赖",只要他的主人吩咐,他随时准备去"犯罪"。

一到伦敦塔,詹姆斯·蒂雷尔把信交给了监狱长,监狱长把钥匙给了他。詹姆斯·蒂雷尔很快找到了监管两个男孩的看守。看守一共四人,詹姆斯·蒂雷尔从中选了一个叫迈尔斯·福雷斯特的人,并最终决定雇用他,让他和自己的马夫一起去刺杀两个王子。詹姆斯·蒂雷尔制订了计划,命令他们当晚行动。

就这样,午夜时分,当王子们入睡后,这两个人悄悄地潜入他们的房间,突然用床单包住两个可怜的男孩,然后把枕头用力地压在他们的脸上,使他们不能呼吸。两个男孩自然立刻醒了过来,惊恐万分,拼命地挣扎着。但两个男人紧紧地抓着他们,狠狠地用枕头和床单压着他们的脸,他们无法呼吸,也哭不出声来。他们就这样一直被捂住脸,直到窒息而亡。

当发现两个男孩已经不再挣扎,两个男人便慢慢地移开了枕头，打开了床单，想看看这两个可怜的孩子是不是真的死了。

"是的，"两个杀人犯互相说了一声，"他们都死了。"

两个杀人犯脱下王子们穿的衣服，把王子们的尸体放在了床上，然后去詹姆斯·蒂雷尔那里复命。詹姆斯·蒂雷尔待在附近的一间公寓里等他们的回音。得到消息后，詹姆斯·蒂雷尔立刻赶往王子们的房间，当看到男孩们真的死了，他便命这两个人把尸体抬进院子里埋了。

这两个人马上在通往关押两个孩子的塔楼的楼梯下面挖了两个坟墓。尸体被放进去后，他们很快用土填满了坟墓，然后在上面放了一些石头。

做完这些事后，詹姆斯·蒂雷尔马上把钥匙还给了监狱长，然后快马加鞭，向理查三世那里赶去。一到达理查三世的驻地，他便立刻报告了他做的一切。

理查三世非常高兴，表示非常欣赏詹姆斯·蒂雷尔的能力和忠诚，接着慷慨地赏赐了他。但理查三世对尸体的处理方式不太满意，说："他们不应该被埋葬在如此肮脏的角落。"

于是，理查三世打发人告诉监狱长，监狱长吩咐一个神父偷偷地挖出了尸体，然后用更体面的方式埋葬了他们。过了不久，这个神父就去世了。他没有透露过王子们具体的安葬之地，所以没有人知道尸体最终被葬在了哪里。

理查三世命令这件事的所有参与者都严守王子死亡的秘密。他不想让公众知道这件事，除非他觉察到有人想试图帮助爱德华五世复位。如果没有发生我们将在下一章讲到的这件事，王子命运的秘密也许还要保守很多年。

第 16 章   CHAPTER XVI

家庭纠纷（1483年—1484年）

Domestic Troubles (A.D. 1483-1484)

理查三世显然已被全国人民承认，成了名副其实的国王。当他在英格兰北部得意地巡视时，兰开斯特家族的领导人也开始在伦敦秘密策划，准备把小王子们从伦敦塔中救出来，帮助爱德华五世夺回王位。

伊丽莎白·伍德维尔王后仍然带着自己的大女儿伊丽莎白公主还有其他孩子躲在威斯敏斯特的庇护所。她是这次秘密营救行动的核心人物。她私下与愿意支持她的贵族们进行了联络。贵族内部也召开了几次秘密会议，制订了行动计划。在这些会议上，他们举杯祈愿塔中的国王和他弟弟小约克公爵身体健康，并承诺会竭尽所能助国王复位。

然而，他们并不知道，可怜的王子们那时早已一同长眠在监狱院子一角不起眼的坟墓中。

最终，反对派的计划酝酿成熟，发动了政变。理查三世立即带领一支大军离开约克赶往伦敦，同时命人故意把两个王子已经死亡的消息传到国外。这个消息使反对派不知所措，扰乱了他们的计划。在得到这个可怕的消息后，庇护所里的王后惊呆了，这个沉重的打击几乎使她昏死过去。"她昏倒在地，掉进了痛苦的深渊，像一具行尸走肉。"终于恢复知觉后，她发出痛苦的尖叫和哀号，声音响彻了整个修道院，惨不忍闻。她捶胸顿足，撕扯着头发，一遍遍地喊着孩子们的名字，并狠狠地责骂自己为什么要把幼子交到敌人的手里。痛哭和悲叹过后，精疲力竭的她陷入了一种平静的绝望中。她跪在地板上，面色可怖，认真严肃地呼唤全能的上帝，祈求他为自己的孩子复仇，并用最恶毒的语言诅咒残忍的罪魁祸首。

之后不久，理查三世的孩子就在米德勒姆城堡去世了。许多人认为，这场灾难是来自天堂的审判，是丧子的母亲的诅咒应验在了国王身上。

据说，从悲痛中稍稍恢复后，伊丽莎白·伍德维尔王后要求人们带她去看看孩子们的坟墓。于是，人们把她带到了伦敦塔，指给她看了院子的角落，也就是孩子们一开始被埋葬的地方。

反抗理查三世的首领之一就是白金汉公爵——那个曾经积极帮助理查三世夺取王位的人。我们不

伊丽莎白·伍德维尔王后在孩子们的坟墓前

清楚是什么原因使他突然倒戈。据说，他对理查三世给他的赏赐非常不满。无论如何，他现在已经背叛了国王，成了反对派的首领，开始策划如何对付理查三世了。

在听说王子们已死的消息后，反对派起初大失所望，不知接下来该怎么办。反对派成员将约克家族和兰开斯特家族的后代仔细梳理了一遍，想找出一个他们接下来可扶持的人。最终，他们选定了亨利·都铎伯爵。这个亨利·都铎，也就是人们通常所说的亨利七世，虽然不是兰开斯特家族的直系后裔，但反对派提议，让他娶伊丽莎白·伍德维尔王后的女儿伊丽莎白公主为妻——她当时正与母亲一起住在庇护所里。既然伊丽莎白·伍德维尔的两个儿子都已经死去，那么这个女儿自然就成了爱德华四世的王位继承人。如果亨利·都铎和她结婚，那么约克家族和兰开斯特家族的继承权将合二为一。

当他们把这个提议告诉伊丽莎白·伍德维尔王后后，她立刻表示同意，并许诺会将女儿嫁给亨利·都铎，也会承认他为国王，前提是他必须先打败并废黜他们共同的敌人理查三世。于是，人们开始制订详细的计划。亨利·都铎从前因为战败逃到了法兰西，此时仍在那里。他们给他写了一封信，详细描述了他们的计划。亨利·都铎立刻同意加入。接着，亨利·都铎组织了一小支军队——这是他当时能召集到的全部人马——分乘几艘船，从圣马洛港口起航。他准备在英格兰西南部的德文郡登陆。

与此同时，反对派的几个首领去英格兰的不同地方募集军队，并建成据点来对抗理查三世。白金汉公爵去了威尔士。他计划在那里集结军队，然后带兵一路南下直到德文郡的海岸边，最后与登陆后的亨利·都铎会合。

理查三世决定率兵平叛。他打算去阻截白金汉公爵，但去之前，他首先发布公告，贬斥反对派首领是罪犯和恶徒，并出钱悬赏他们的人头。

白金汉公爵没能及时赶到德文郡海岸边与亨利·都铎会合。途中，塞汶河挡住了他的去路。读者可以在英格兰地图上看到，这条河恰恰横亘在他的去路上。他尝试渡河，但有人破坏桥梁和船，所以他过不了河。于是，他转向上游水流小一些的地方，希望找到一个浅滩，但由于降雨，河水变得湍急，所以这个计划和其他计划一样行不通。最后，当白金汉公爵被洪水困在岸边时，理查三世赶上了他。眼看就要陷入危境，白金汉公爵的士兵们纷纷抛下他当了逃兵。最后，白金汉公爵不得不逃命，找地方躲了起来。但他的一个仆人出卖了他，把他的藏身之处告诉了理查三世。于是，理查三世立即抓住了他。白金汉公爵让人代他向理查三世求情，准他见一面，并在给他定罪前，先听听他的辩解。但理查三世根本没有理会，下令士兵立即将罪犯带到城中的广场上，砍掉他的头。理查三世的命令被立即执行了。

当到达德文郡海岸边时，亨利·都铎发现，白金汉公爵并没有如约而至。他担心带着一小队人马上岸会有危险，便乘船返回了法兰西。

至此，他们第一次组织力量反抗理查三世的尝试以失败告终。

听到这个消息后，伊丽莎白·伍德维尔王后悲恸欲绝。她在庇护所的日子越来越难熬。她已经计穷谋尽。她发现修士们开始嫌弃她，因为她在那里白吃白住的时间太长了。她的朋友们倒是愿意接济她，但理查三世不允许他们那样做。他派了一个士兵整日守在庇护所周围，不允许任何人进出。他曾说过，如果没办法逼她投降，那么他就要将她困在里面，活活饿死。

然而，理查三世此时最想得到的不是伊丽莎白·伍德维尔王后本人，而是她女儿伊丽莎白公主。伊丽莎白公主现在已经是约克家族的王位继承人了。他盘算着，如果能得到伊丽莎白公主，那么他就能轻而易举地阻止她与亨利·都铎结婚，这样他就能不费一兵一卒挫败敌人的阴谋。他更想抓住亨利·都铎，但亨利·都铎当时在与他隔海相望的布列塔尼，他鞭长莫及。

尽管如此，他还是密谋要抓住亨利·都铎。他私下和布列塔尼公爵做了笔交易，如果布列塔尼公爵能将亨利·都铎抓住并送给他，那么他会奉上一大笔钱作为酬谢。布列塔尼公爵答应了。但亨利·都铎在阴谋实施前就得到了消息,于是从布列塔尼逃到了法兰西。他在巴黎受到法兰西国王的礼遇,法兰西国王甚至还承诺,会助他将理查三世赶下台,然后由他取而代之。听到这个消息后,理查三世坐立不安了。

此时已是夏尽秋至。11月,理查三世召集了议会。最后,议会通过了非常严苛的法令来对付那些犯上作乱的人。遵照法令,许多人被处死,有些人被流放,还有些人被关进了监狱。理查三世试图用这些手段来摧毁敌人的精神,从而阻止人们结成任何新的联盟来反对他。然而,虽然想了这么多办法,但只要还没有抓到亨利·都铎和伊丽莎白公主,他仍然感到寝食难安。

接着,冬天到了。理查三世又心生一计,想哄骗王后和她的家人走出庇护所。于是,他派了一个信使去王后那里,向王后开出了优厚的条件,前提是她离开庇护所,并且由他负责她的安全。他说,他对王后并无敌意,如果她和她女儿能信任他,他将会迎接她们重返王宫,以礼相待,并赐给她们锦衣玉食,封她本人为英格兰王太后,封她的女儿们为王室公主。他会妥善安排年轻公主们的婚姻大事,让她们与门当户对的人家联姻。

面对这些诱人的条件,王后最终心动了。她离开了庇护所,把自己和女儿们交给了理查三世。很多人都强烈反对她这样做,但她的朋友和支持她的人为她辩解,说她除了这样做别无选择。她如果是独自一人,大可以选择在修道院忍饥挨饿。但她不忍心眼睁睁看着自己的孩子们在穷苦中死去,而她只用说一句话,就能救她们脱离苦海,立刻过上尊贵优渥的生活。所以她屈服了。她离开了大教堂,住进了理查三世为她安排的一处行宫,她的女儿们也回到了王宫,过上了公主的生活。特别是大女儿,更是得到了格外的重视和优待。

尽管公主们的生活大大改善,但离开教堂后,王后真正的处境非常凄凉。理查三世为她安排的住所十分幽暗,他要求她遣散所有侍从,然后亲自安排仆人和侍卫来服侍并看管她。很快,王后就发现，她受到了严密监视，就像囚犯一样，境遇与从前相比并没有多大改善。

在这种境遇下，王后给自己在巴黎的儿子多塞特侯爵①写了一封信，命他立刻终止伊丽莎白公主与亨利·都铎的婚约。在信中，她说："因为我已放弃了结盟的计划，并且另有打算。"收到信后，亨利·都铎和其在巴黎的朋友及追随者们都非常气愤，许多人都指责王后居然违背当初发下的誓言，当众悔婚。也有人说，这封信体现不了王后的真实意愿，而是理查三世强迫她这样写的。她现在已经完全被理查三世控制，自然是理查三世让她怎样写她就得怎样写。

这封信反映的究竟是不是王后的真实意愿，我们无从得知。无论如何，亨利·都铎及其追随者们最终决定把这封信当作她被迫写的。所以他们并不理会，而是继续酝酿他们的计划。

据说，理查三世原本打算把伊丽莎白公主嫁

---

① 读者可能还记得，多塞特侯爵是伊丽莎白·伍德维尔第一次婚姻所生的儿子，所以没有王位继承权。——原注

给自己的儿子。之前我们曾提到他儿子之死,但当时他儿子还活着,年纪很小,只有十一岁。伊丽莎白公主那时可能已经和他订了婚,只等他成年就完婚。公主本人似乎很快就同意了这桩婚事。在她看来,亨利·都铎登上王位娶她为妻似乎遥不可及,而理查三世此时大权在握。如果公主选择臣服查理三世,成为他儿子的未婚妻,就意味着她马上能成为王国的贵夫人,地位仅次于安妮王后,并且未来有望成为王后。

然而,所有这些如意算盘都因年轻王子的死而突然落空了。正如之前提到的那样,王子死时正住在米德勒姆城堡。这个可怜的男孩死得非常突然,并且死亡方式非常离奇。有人认为,他的死是上天的报应,伊丽莎白·伍德维尔王后曾诅咒杀害她儿子的罪魁祸首,现在那个可怕的诅咒应验了。也有人认为,他是被毒死的。

王子死后不久,他母亲安妮王后就身患重病倒下了。儿子的死让她的心彻底碎了,她日渐憔悴,身体慢慢地垮掉了。理查三世对她冷酷无情的态度使她更痛苦。他不断不耐烦地抱怨她的病，嫌她毫无用处。有些怨言传到了安妮王后的耳朵里。一天，她在上厕所时听到一个谣言，说理查三世正打算处死她。她惊恐万状，顾不得收拾打扮，头发凌乱、衣衫不整地跑到丈夫面前，痛哭流涕地问她究竟做了什么该当死罪的事。理查三世赶忙安抚她，让她安静下来，向她保证她没有必要害怕。

然而，她的健康状况每况愈下。不久，她听说，为了迎娶伊丽莎白公主，理查三世已经等不及她赶快死去，她越发感到气愤和恼怒。据说在儿子死后，理查三世就把注意力转到了伊丽莎白公主身上。可怜的安妮王后悲愤交加，挣扎着挨过了冬季。但显然已经油尽灯枯。人们都认为，理查三世已经做好与伊丽莎白公主结婚的准备了，安妮王后的身体之所以会垮掉，以及随后安妮王后的死亡，都是因为理查三世给她下了毒药，使她慢性中毒而死。尽管没有证据证明这一点，但人们都认为，事实的确如此，从中不难看出，当时的人们是怎样看待理查三世的性格。

然而，有一点可以肯定的是，他的确认真地考虑过新的婚姻，伊丽莎白公主本人也同意他的求婚，并非常积极地想要和他完婚。据说，安妮王后还在世时，伊丽莎白公主曾写信给自己的朋友——一位地位尊贵并很有影响力的贵族公

伊丽莎白公主

爵，恳求他帮助促成她和国王的婚事，信中她称国王为"我的主人和我在这个世界上的快乐源泉——我的心灵和思想的主宰"。她甚至对安妮王后迟迟不死表现出了不耐烦。"我只是想，"她说，"二月最美好的时日已经过去，而王后还活着。她难道永远不会死吗？"

但伊丽莎白公主的耐心注定不会被考验更长的时间。之后不久，安妮王后的情况迅速恶化，最终在三月薨逝。

伊丽莎白公主现在满心欢喜。她和她叔叔婚姻的巨大障碍已经没有了，她成为王后的大路就在眼前。她和理查三世一个是侄女，一个是叔叔，他们的婚姻其实完全不合法。但理查三世想出一个计划来获取教皇的特许，并且毫无疑问，他能轻而易举地做到这一点。当时人们认为，教皇的特许能够让任何事情变得合法。最后，理查三世小心翼翼地将计划告诉了几个心腹大臣。

他的谋士告诉他，这个计划执行起来风险巨大。他们说，英格兰人民认为目前的状况是国王一手造成的，全国上下没有不气愤的。王国内谣言四起，怨声不断。他们面临极大的威胁。无论是修士，还是百姓，都会把这桩婚事看作乱伦，并深恶痛绝。他们说，许多人怀疑，为了给新婚姻扫清障碍，理查三世害死了自己的妻子安妮。理查三世如果现在真的再婚，就等于坐实了这些猜测。他们补充道，臣民们现在只是怀疑他们暗中策划，就已经如此愤慨，一旦计划真的实施，可想而知，将会爆发出怎样排山倒海般的愤怒。那时，理查三世将会面临王位不保的危险。因此，理查三世立即决定放弃这个计划。他公开宣布，从未考虑过这桩婚姻，所有说他有此打算的话都是谣言，是对他的恶意中伤。他还向全国各地发出命令，任何传播这些谣言的人都会被逮捕，并被送到伦敦受罚。

　　当然，伊丽莎白公主的希望瞬间破灭了。她想象中的那座辉煌的城堡轰然倒地。然而，她的失望只是暂时的，因为最终她还是成了英格兰王后。

第 17 章　 *CHAPTER XVII*

博斯沃思原野（1485年—1492年）

The Field of Bosworth (A.D. 1485-1492)

正如上一章所述，正在理查三世忙着使诈时，亨利·都铎也在巴黎有条不紊地做着准备，计划再次进攻英格兰。法兰西国王不仅为他提供了大笔资金，还协助他招募人马。亨利·都铎从伊丽莎白公主的母亲那里得到消息，知道自己和公主的婚约已被解除，理查三世准备迎娶这位年轻的女士后，他毫不理会，仍然宣布，无论对方使出何种手段来对付他，他都会毫不动摇地实施自己的计划。为达目的，实现初衷，他会全力以赴，不仅会将理查三世赶下王位，取代他的位置，还要娶伊丽莎白公主为妻。

最后，远征大军严阵以待，运送军队的舰队从阿弗勒尔港起航了。

为了激发起英格兰人民反抗侵略者的热情，理查三世发表了一篇激动人心的宣言。在宣言中，他把里士满伯爵称作"一个叫亨利·都铎的人"，抨击他根本没有继承王位的资格，却在毫无资格的情况下妄图夺取王位。他还说，为了从法兰西国王那里得到援助，亨利·都铎曾许诺"如果他成功了，会把当时英格兰王国占领的所有法兰西土地，甚至包括加来，都赠与法兰西王国。他还承诺，会把整个王国内最重要和最值钱的土地，如大主教、主教、公爵、伯爵、男爵的领地及其他很多属于骑士、乡绅的财产，分封给所有追随他的叛国者和外国人"。宣言还称："亨利·都铎的军队里不是强盗就是杀人犯，还有被议会剥夺了所有权利的造反派。他们中的许多人已经沦为臭名昭著的杀手、通奸犯和敲诈勒索犯。"

宣言的最后，理查三世呼吁所有臣民拿起武器，像一个真正优秀的英格兰人一样保卫妻子、孩子、家园和财产，并许诺，自己也会像勇敢的王子一样，身先士卒，将高贵的身躯投入到最危险的战斗中去保家卫国。

发表宣言的同时，理查三世向王国各地的贵族们发出命令，命他们整编军队，待他一声令下便立即出发。他派出一队人马去保卫南部海岸，因为他估计亨利·都铎会在那里登陆。他自己则继续北上，前往王国的核心地区集结大军。最后，他将大本营设在了诺丁汉，逐渐组织起一支大军。

就在双方各自紧锣密鼓地准备时，春季和初夏转眼就过去了。最终，1485年8月时，理查三世在诺丁汉收到消息，说亨利·都铎已经带着一支两三千人的军队，在威尔士西南海岸的米尔福德港登陆。听到这个消息后，理查三世说："我很高兴，他终于来了。我现在只需和他当面交锋，勇敢地战胜他，然后我的王国将重归宁静，不再受到任何骚扰。"

亨利·都铎并没有把胜利的希望完全寄托在他的军队身上，因为他知道，此时英格兰弥漫着对理查三世的不满。因此，如果真的要争夺王位，他还寄希望于到时会有无数人背弃理查三世，转投到他的麾下，尽管这些人此时表面上是理查三世的支持者。于是，他派密使去全国各地游说自己的朋友们，并与那些有可能改变立场的理查三世的追随者们谈判。为了让谈判发挥作用，他决定不马上进入内陆，而是一边沿着威尔士南部海岸慢慢向东行进，一边等待消息。接着他便开始按计划行事。一路上，他的军队迅速地壮大。最后，当到达威尔士的东部边界时，他觉得自己的实力已经强大到能进军英格兰，与理查三世一决高下了。此时，理查三世正在诺丁汉集结军队，准备拼死抵抗侵略者。他先是行军至莱斯特，然后到了塔姆沃思镇。塔姆沃思镇有个建在石头上的坚固城堡。他占领了这座城堡，并把大本营暂时设在这里。

塔姆沃思城堡

这时，理查三世已经得到情报，掌握了亨利·都铎的动向，并且已经做好了进军准备。他决定不再迟疑，直接迎战敌人。于是，一天早晨，他将步兵分成两队，骑兵分成两队，每五人一排，呈巨翅形展开。装满弹药的火炮架了起来，火炮后面留出一个供他坐镇指挥的位置。

一切准备就绪后，理查三世从城堡里出来，骑上一匹乳白色的战马。根据当时的传统，他穿戴着一套金光闪闪的华丽盔甲，精美的刺绣与锃亮的铁片在阳光下熠熠生辉。头盔之上还戴着王冠。他骑马走在最前面，率领大军出了城堡的大门，沿着城堡外从山顶蜿蜒而下的道路下了山。他的亲信从旁护卫，其中有弓箭手、矛兵及其他全副武装的士兵，他们个个衣着华丽，骑着高头大马，高举着数不清的锦旗和军旗。一和镇上的军队会合，他就下令开拔。他的大军浩浩荡荡，花了一个多小时才离开诺丁汉。当最后一个人终于走出城门时，整个军队已在路上绵延了三英里。

行进几天后，两军来到了博斯沃思镇附近，一场遭遇战迫在眉睫。那里有一大片空地，那就是历史上著名的博斯沃思战场。两支军队在1485年8月19日或20日开赴战场附近，接着开始为战斗做最后的准备。

理查三世的军队人数远多于亨利·都铎，阵容也更壮观。至少从表面来看，所有迹象都表明，他将毫不费力地取得胜利。然而，亨利·都铎斗志昂扬，充满了必胜的信心，而理查三世心中则萦绕着一种不祥的预感。他的脑海一片混乱，心绪始终不宁。他认为，他军队中领头的贵族和将军们已经暗下决心背叛他了，他们准备在战场上弃他而去，投靠敌人，除非他能在战斗一开始时就一炮打响，取得决定性优势，让他们看到亨利·都铎毫无取胜的可能。理查三世虽然对自己的猜测深信不疑，但没有足够的证据证明，此时他应该对自己怀疑的对象采取行动。他甚至不敢表露出自己的怀疑，因为他知道，如果他这样做，甚至只是暗示他有了疑心，也会使他惧怕的背叛更快地发生，甚至会逼迫一些原本犹豫不决的人更快地背叛他。因此，他就算承受着巨大的焦虑和恐慌，也必须隐藏自己所有的不安，除了对他最信任的朋友。在这些人面前，正如他们中的一人所说，"他备受忧虑和悲伤的折磨，时不时地大喊，要报复那些背信弃义、欺骗他的人"。

每当夜深人静时，他都会回忆起自己曾经为争夺权力而犯下的累累罪行。此时别提他有多怕永远地失去权力了。回忆反复侵扰着他的头脑，折磨着他的良心。"他每晚辗转反侧。"一位传记作家说，"他常常躺在那里久久不能入睡，甚至整夜醒着。脑海中浮现出各种画面。他对别人的关心和照顾不胜其烦。他宁可麻木地躺在那儿也不愿入睡，因为一旦入睡便会有可怕的噩梦找上门来。"

战斗开始那天，理查三世发现自己最糟糕的预感居然成真了。那天一大早，他在一块高地上占据了一个可以俯瞰整个地区的有利位置，便待在那里指挥军队行动。战斗打响后，他在这个制高点上，看到了自己的士兵成群结伙地朝敌人那边走去。他恼羞成怒，大声喊道："叛徒！叛徒！"他命令自己的亲随跟他冲下山，杀出一条血路，冲到亨利·都铎的营地，从而和其当面决斗，并亲手杀死亨利·都铎。他认为这是他现在取胜的最后希望了。

战场上有一眼清泉，有一条小溪从源头流出，挡在了他面前。他在泉边停了下来，打开头盔喝了一口泉水。然后，他又关上头盔，继续骑马前行。

后来，这眼泉水因此而得名"理查三世之泉"，时至今日依然保留着这个名字。

离开这眼泉后，理查三世继续策马前行去寻找亨利·都铎，身后跟着几个像他一样无所畏惧的追随者。他们穿过敌人的防线，朝着理查三世认为亨利·都铎在的方向冲过去，很快便被敌人团团围住。他和敌人短兵相接，展开了殊死搏斗。他杀掉了包围圈中几个离他最近的敌人，并且一直叫嚣着让亨利·都铎出来和他决一死战。但亨利·都铎不会这样做。这时，理查三世的许多援兵赶来支援他。有些人催促他赶快撤退，告诉他这样做无异于螳臂当车，毫无意义，但他拒绝撤退。

他说："只要我一息尚存，我就绝不会逃跑。因为创造陆地和海洋的造物主将在这天结束我的战斗或我的生命。我会作为英格兰国王死去。"

于是，他继续坚持战斗。几个忠心耿耿的朋友仍然坚持和他并肩作战。他的旗手坚定地站在那里，手中高举国王的旗帜，直到最后双腿被砍断，才倒在地上。这名旗手仍然不放开手中的旗帜，尽管双手已经抽搐但仍死死握着，直到咽下最后一口气。

理查三世最终被敌人制伏。他筋疲力尽，加之流血过多，已经非常虚弱。他被敌人从马上击落在地，接着被杀死。在可怕的混战中，他的王冠也被打落，在硝烟中任人践踏。

斯坦利勋爵，一个背叛理查三世、投敌的军队首领捡起满是尘土、血迹斑斑的王冠，把它戴到了亨利·都铎的头上。从那一刻起，亨利·都铎就成了公认的英格兰国王。他就是亨利七世。

此时，为数不多的仍然誓死效忠理查三世的追

亨利七世

随者终于放弃抵抗，仓皇奔逃了。胜利者们抬起理查三世的尸体，脱下他的盔甲，然后把尸体搭在一个骑在马上的全副武装的随从身后。然后随从骑着马跟着新国王撤离了战场。亨利·都铎带着战利品凯旋，进入了莱斯特城。理查三世的尸体示众了三天，好让每个人确信他真的死了。最后，新国王轻松地进入了伦敦。人们纷纷夹道欢迎。所到之处都能听到人们的大声欢呼、喝彩，甚至哭喊声："亨利国王！亨利国王！我们的君主，亨利国王万岁！"

即位几个星期后，亨利七世就投入了繁忙的国事中。然而，手头最紧急的政务一处理完毕，他就向伊丽莎白公主再次求婚。1486年1月，他们就结婚了。对伊丽莎白公主来说，谁是她的丈夫似乎并不重要，重要的是这个人是英格兰国王，能够让她成为王后。亨利七世娶她的动机同样功利，他唯一的目的，是通过和伊丽莎白结婚来得到她父亲传下来的王位继承权。因此，他从来没有真正爱她。婚后，他一直对她十分冷淡，并且完全忽视她的存在。

他对待伊丽莎白公主可怜的母亲的方式就更不友好了。他将她送进了阴暗的伯蒙德修道院,让那里的修士严加看管她。在那里,她和囚犯没什么两样。他之所以如此对待她,是因为他不满她曾经背弃他,破坏了他们之间订下的婚约,更因她和她女儿投靠理查三世,并参与了理查三世的阴谋,同意

伯蒙德修道院

伊丽莎白公主和理查三世结婚。孤身一人的伊丽莎白·伍德维尔王后就这样，在孤单冷清中度过了余生。准确地说，她并不是一个囚犯——至少，她并没有失去人身自由。之后的几年，因为某些特别的场合，她被接进王宫两三次，基本都受到了礼遇和尊重。其中有一次是去参加她外孙的洗礼。

在孤单冷清的住所生活了几年后，王后薨逝。她的遗体被送到温莎城堡安葬。她的女儿和亲朋得到了通知。来参加葬礼的人不多，她女儿伊丽莎白公主当时身体不适，所以没有前来。葬礼在晚上举行，主持宗教仪式的是雇来的几个衣衫褴褛的可怜老人。他们手中拿着"老旧的火炬和火把"为阴暗的教堂照明。与此同时，修士们也站在那里，口中低吟着哀怨的挽歌。

（根据哈珀兄弟出版公司出版的英语版译出）